ELEIÇÃO TEM LÓGICA

GERSON JORIO

ELEIÇÃO TEM LÓGICA

PREFÁCIO DE **GERALDO ALCKMIN**

Labrador

© Gerson Jorio, 2024
Todos os direitos desta edição reservados à Editora Labrador.

Coordenação editorial Pamela J. Oliveira
Assistência editorial Leticia Oliveira, Jaqueline Corrêa
Projeto gráfico e capa Amanda Chagas
Diagramação Estúdio dS
Preparação de texto Maurício Katayama
Revisão Lucas dos Santos Lavisio
Imagem da capa Imagem gerada por prompt Midjourney

Dados Internacionais de Catalogação na Publicação (CIP)
Angelica Ilacqua - CRB-8/7057

Jorio, Gerson
   Eleição tem lógica / Gerson Jorio.
   São Paulo : Labrador, 2024.

   ISBN 978-65-5625-526-2

   1. Eleições 2. Partidos politicos I. Título

24-0228   CDD 324.6

Índice para catálogo sistemático:
1. Eleições

Labrador

Diretor-geral Daniel Pinsky
Rua Dr. José Elias, 520, sala 1
Alto da Lapa | 05083-030 | São Paulo | SP
contato@editoralabrador.com.br | (11) 3641-7446
editoralabrador.com.br

A reprodução de qualquer parte desta obra é ilegal e configura uma apropriação indevida dos direitos intelectuais e patrimoniais do autor. A editora não é responsável pelo conteúdo deste livro. O autor conhece os fatos narrados, pelos quais é responsável, assim como se responsabiliza pelos juízos emitidos.

À minha família

Existem somente três tipos de pessoas:
Aquelas que fazem as coisas acontecerem.
Aquelas que observam as coisas acontecerem.
E aquelas que dizem:
O que aconteceu?
PHILIP KOTLER

SUMÁRIO

Prefácio	15
Para começo de conversa	17
Esclarecimentos	21
As regras do jogo	23
Mudanças nas regras eleitorais	24
As modalidades de eleições	25
Como definir quais candidatos serão eleitos?	26
Votos válidos em porcentagem	29
A lista de candidatos	31
Quantas vagas de fato estão em disputa?	33
Quantos votos preciso receber nesta eleição?	36
É mais fácil se eleger em São Paulo ou Roraima?	36
Um padrão muito importante	39
Força eleitoral	41
A causa precede a consequência	45
Divulgação de candidaturas	46
Mídias sociais	47
Uma força suplementar	49
De olho no que já foi	53
Eleições para deputado federal — São Paulo (SP)	55
Partido Liberal (PL)	56
Federação Brasil da Esperança (FE BRASIL)	57
Federação PSOL REDE	59
União Brasil (União)	60
Movimento Democrático Brasileiro (MDB)	61
Republicanos (Republicanos)	62
Federação PSDB Cidadania	63

Progressistas (PP) 64
Partido Social Democrático (PSD) 65
Podemos (Pode) 65
Partido Socialista Brasileiro (PSB) 66
Solidariedade (Solidariedade) 66
Partido Novo (NOVO) 67
Partido Social Cristão (PSC) 67
Partido Democrático Trabalhista (PDT) 68
As eleições federais em Minas Gerais (MG) 69
Partido Liberal (PL) 70
Federação Brasil da Esperança (FE BRASIL) 71
Avante (AVANTE) 72
Partido Social Democrático (PSD) 73
União Brasil (União) 73
Progressistas (PP) 74
Patriota 75
Partido Democrático Trabalhista (PDT) 75
Movimento Democrático Brasileiro (MDB) 76
Federação PSDB Cidadania 77
Republicanos (Republicanos) 77
Podemos (Pode) 78
Federação PSOL REDE 78
Partido Social Cristão (PSC) 79
Partido Republicano da Ordem Social (PROS) 79
Partido Novo (NOVO) 80
Solidariedade (Solidariedade) 80
As eleições federais no Rio de Janeiro (RJ) 81
Partido Liberal (PL) 81
União Brasil (União) 82
Federação Brasil da Esperança (FE BRASIL) 83
Federação PSOL REDE 84
Partido Social Democrático (PSD) 84
Progressistas (PP) 85

Republicanos (Republicanos) _____ 85
Movimento Democrático Brasileiro (MDB) _____ 85
Podemos (Pode) _____ 86
Partido Republicano da Ordem Social (PROS) _____ 86
Partido Democrático Trabalhista (PDT) _____ 87
Solidariedade (Solidariedade) _____ 87
Partido Socialista Brasileiro (PSB) _____ 87
Partido Trabalhista Brasileiro (PTB) _____ 88
Federação PSDB Cidadania _____ 88
As eleições federais na Bahia (BA) _____ **89**
Federação Brasil da Esperança (FE BRASIL) _____ 90
Partido Social Democrático (PSD) _____ 91
União Brasil (União) _____ 92
Progressistas (PP) _____ 92
Partido Liberal (PL) _____ 93
Republicanos (Republicanos) _____ 93
Partido Democrático Trabalhista (PDT) _____ 94
Movimento Democrático Brasileiro (MDB) _____ 95
Avante (AVANTE) _____ 95
Federação PSDB Cidadania _____ 95
Partido Socialista Brasileiro (PSB) _____ 96
Podemos (Pode) _____ 96
As eleições federais no Rio Grande do Sul (RS) _____ **97**
Federação Brasil da Esperança (FE BRASIL) _____ 98
Partido Liberal (PL) _____ 99
Movimento Democrático Brasileiro (MDB) _____ 99
Republicanos (Republicanos) _____ 100
Progressistas (PP) _____ 101
Federação PSDB Cidadania _____ 101
Partido Democrático Trabalhista (PDT) _____ 102
Podemos (Pode) _____ 103
Federação PSOL REDE _____ 104
Partido Novo (NOVO) _____ 104

Partido Social Democrático (PSD) _____ 104
União Brasil (União) _____ 105
Partido Socialista Brasileiro (PSB) _____ 105
As eleições federais no Paraná (PR) _____ **107**
Partido Social Democrático (PSD) _____ 108
Federação Brasil da Esperança (FE Brasil) _____ 109
Progressistas (PP) _____ 109
União Brasil (União) _____ 110
Partido Liberal (PL) _____ 111
Podemos (Pode) _____ 112
Republicanos (Republicanos) _____ 112
Movimento Democrático Brasileiro (MDB) _____ 113
Partido Republicano da Ordem Social (PROS) _____ 114
Partido Socialista Brasileiro (PSB) _____ 114
Federação PSDB Cidadania _____ 114
Fatos observados nas eleições analisadas _____ 115
Principais ocorrências _____ 117
Um estudo de caso revelador _____ **119**
Considerações finais _____ **123**
Apêndice _____ **125**
    Potencial eleitoral _____ **127**
    Cálculo do quociente partidário _____ **131**
    Cálculo das médias _____ 134
    Votos válidos em porcentagem _____ **139**
    De quantos votos preciso para me eleger? _____ 142
    Pareto nas eleições _____ **145**
    A regularidade de votação em foco _____ **149**
    Lista de candidatos _____ **151**
    A força partidária por regiões _____ **155**
    Números relacionados aos votos de legenda _____ **163**
    1. VOTOS NOMINAIS × VOTOS DE LEGENDA 2002 _____ 164
    2. VOTOS NOMINAIS × VOTOS DE LEGENDA 2006 _____ 166
    3. VOTOS NOMINAIS × VOTOS DE LEGENDA 2010 _____ 168

4. VOTOS NOMINAIS × VOTOS DE LEGENDA 2014 _____170
5. VOTOS NOMINAIS × VOTOS DE LEGENDA 2018 _____172
6. VOTOS NOMINAIS × VOTOS DE LEGENDA 2022 _____174
Cálculo do QP × faixas de votação_____ **177**
As eleições no Mato Grosso _____ **183**

PREFÁCIO

Vivemos, atualmente, um paradoxo: nunca um volume tão grande de dados esteve disponível para uma quantidade tão expressiva de pessoas; ao mesmo tempo, o debate público nunca pareceu tão desorientado por informações tão contraditórias, para descrever os mesmos fenômenos.

Das campanhas de fake news, nas redes sociais, às manipulações estatísticas, feitas por certos institutos de pesquisa e agências de risco, a opinião pública é constantemente estimulada por mensagens descomprometidas com a verdade. "Mas qual verdade?", o leitor da presente obra pode se perguntar.

"Fatos", nas sociedades humanas, são, na realidade, "fatos sociais". Isso significa que eles não têm as mesmas propriedades que os fenômenos da natureza, como um raio que cai sobre uma árvore ou uma nevasca que se abate sobre uma cidade, alheios à vontade humana — embora as mudanças climáticas, mais recentemente, nos instiguem a repensar essa ideia.

Primeiro, os fatos sociais obedecem a uma dinâmica relacional: relações de pais com filhos, de empregados com empregadores ou, como importa para este livro inspirador de Gerson Jorio, de candidatos com partidos e de candidatos com eleitores.

Segundo, os fatos sociais ocorrem dentro de um conjunto de regras, que moldam as expectativas dos indivíduos, como é o caso das regras eleitorais, que fizeram, por exemplo, o candidato Al Gore "ganhar, mas não levar", nas eleições americanas de 2000, ao mesmo tempo que fizeram Donald Trump "perder, mas levar", no pleito presidencial de 2016.

Essas características, embora não nos permitam identificar uma verdade no sentido matemático, não significam ausência de objetividade no espaço público, que nos franqueiem, por sua vez, a possibilidade de construir conhecimentos válidos, mesmo que em determinado tempo e espaço.

É nesse contexto que o livro *Eleição tem lógica*, do estimado amigo e autor Gerson Jorio, situa-se. Sem pretender fazer generalizações, Gerson, por meio de uma rigorosa análise de dados primários, empreende uma avaliação instigante sobre a dinâmica das eleições proporcionais brasileiras, com foco no pleito de 2022.

Se, como costumava dizer o saudoso governador Mário Covas, "o eleitor não erra; precisa apenas das informações corretas para decidir", em sentido contrário, podemos afirmar que o candidato, para se eleger, precisa compreender adequadamente seu contexto, para transmitir as informações corretas ao eleitor.

Com um texto rico em evidências estatísticas, Jorio demonstra, com brilhantismo, a relevância, para o sucesso dos postulantes a cargos proporcionais, de se apropriarem de experiências eleitorais; utilizarem adequadamente as tecnologias disponíveis e estabelecerem metas à luz das variáveis que determinarão os resultados, como é o caso do chamado quociente eleitoral.

Como argumenta Gerson Jorio, com grande competência, dados e informações são o ponto de partida para o planejamento eleitoral, mas seu uso adequado exige sensibilidade de quem os interpreta. Boa leitura.

Geraldo Alckmin

PARA COMEÇO DE CONVERSA

O objetivo principal deste trabalho é dotar todos os candidatos, bem como todos aqueles que têm interesse no tema, de conhecimentos que os ajudem a entender os mecanismos de uma eleição proporcional e o que deve ser analisado para fazer as escolhas certas na hora de se candidatar. Existem três coisas importantes que o candidato deve saber para prosperar em uma disputa: como cuidar de seu marketing pessoal, como ampliar a sua presença nas redes sociais através de técnicas seguras e reconhecidamente funcionais e, não menos importante, aquela que é a razão desta obra, saber como funciona uma eleição, ou seja, qual é a sua lógica. A apropriação desse tipo de conhecimento lhe permitirá fazer as escolhas certas e aumentará suas chances de vitória. Não somente isso, mas também garantirá que o candidato esteja realmente na disputa por uma vaga, não sendo apenas um mero participante.

Portanto, não é meu objetivo ensinar aos candidatos as técnicas para conquistar votos, e sim como diminuir as chances de perder uma eleição já tendo uma quantidade de votos suficientes para ganhá-la. Isso requer informações que, via de regra, não estão disponíveis no formato adequado para gerar esse tipo de conhecimento.

Anos examinando com grande atenção os resultados de um número significativo de eleições proporcionais, bem como os processos que as envolveram, me proporcionaram conhecimentos que me autorizam a opinar nessa área.

O meu maior desafio tem sido detectar e transformar informações garimpadas no meio de um "oceano de dados" em material útil para traçar planos e processos de valia para o sucesso dos futuros candidatos.

Empregando métodos empíricos simples e eficazes, pude constatar certos padrões que se repetem eleição após eleição.

No decorrer dessa jornada, também detectei os pontos relevantes que podem proporcionar o sucesso àqueles indivíduos que estejam realmente dispostos a enfrentar os desafios de um pleito eleitoral.

A compreensão desses elementos me trouxe à mente uma citação atribuída ao famoso publicitário inglês David Ogilvy. Ele diz: "A sabedoria é inútil àqueles que não são capazes de comunicá-la — por escrito". Essa lembrança foi o suficiente para eu entender que precisava publicar este trabalho, sem perder o foco no objetivo principal de dotar os futuros candidatos a cargos proporcionais de conhecimentos capazes de embasar suas análises para decisão na disputa de um pleito.

Alertado pelo professor Paulo Tarcizio, grande colaborador, que acompanha meus trabalhos desde o início, concordei que esta obra precisava ser escrita de modo descomplicado, para que os interessados pudessem ser conduzidos sem sobressaltos à compreensão dos mecanismos que suportam uma eleição. Percebi que, para atingir esse objetivo, precisava de um texto livre do excesso de dados numéricos, estatísticas, gráficos e outras ferramentas matemáticas.

Por isso, decidi dividir o trabalho em duas partes. Na primeira, em nome dos adeptos da simplicidade, espero entregar textos realmente descomplicados, com o mínimo de esquemas e cálculos necessários para o seu entendimento.

Quero, portanto, proporcionar um material capaz de dotá-los de conhecimentos poderosos para decidirem com maturidade os caminhos que podem levá-los para uma candidatura vitoriosa.

Na segunda parte, que eu estou chamando de "Apêndice", pensando naqueles que gostam de se aprofundar na análise das questões, disponibilizei os materiais que embasam minhas conclusões sobre o tema. Lá os leitores poderão ter acesso aos mesmos gráficos, tabelas, estatísticas e dados numéricos que têm sido fontes de minhas pesquisas.

De qualquer maneira, com a leitura somente da primeira parte ou da obra completa, a meta é que o leitor adquira conhecimentos suficientes para responder as seguintes questões:

- Como saber se, uma vez candidato, estarei disputando ou apenas contribuindo para a eleição de outros?
- Como saber antecipadamente quais partidos serão capazes de eleger os seus candidatos?
- Qual é a importância das escolhas corretas para o sucesso de minha candidatura?
- Quantas vagas estarão realmente disponíveis em uma eleição para vereador, deputado estadual, distrital ou federal?
- De quantos votos preciso para me eleger?
- O que é mais fácil, ganhar para vereador ou para deputado?
- Como analisar minhas chances de vitória?
- Por que, mesmo com uma alta votação, alguns candidatos não se elegem?
- Como identificar a força eleitoral de um partido?

- Quantos candidatos cada partido ou federação partidária podem lançar e qual a influência desse número no seu desempenho?
- As chances de vitória de uma candidatura mudam de acordo com a escolha do município ou estado da disputa?
- Por que é tão importante saber as regras do jogo?

Essas questões e outras mais, respondidas ao longo deste texto, não podem ser negligenciadas pelos candidatos, pois o resultado será fatal para a sua candidatura. Eleição tem lógica, conforme demonstraremos neste livro.

Por fim, acho importante informar que não trataremos aqui de questões ideológicas, mas tão somente das questões técnicas envolvidas nas escolhas feitas pelos candidatos.

ESCLARECIMENTOS

Queremos explicitar que a fonte de todos os números eleitorais utilizados neste texto é o Tribunal Superior Eleitoral (TSE) e que todas as tabelas apresentadas foram elaboradas pelo autor a partir desses números.

Os números referentes às quantidades de candidatos que concorreram às eleições de 2022 para deputado federal em todas as unidades federativas e a quantidade de votos nominais recebida por cada candidato excluem as renúncias e os indeferimentos, o que explica algumas diferenças observadas em relação às ferramentas de divulgação desses dados.

Abreviações:

ABST — Abstenção
COMP — Comparecimento
QE — Quociente eleitoral
QP — Quociente partidário
VV — Votos válidos
VN — Votos nominais
VL — Votos de legenda

AS REGRAS DO JOGO

Diga-me como me mede, e lhe direi como me comportarei. Se me medir de maneira ilógica... Não se queixe de comportamento ilógico.
Eliyahu Goldratt

Uma parcela significativa dos fracassos observados em disputas eleitorais é decorrente da falta de conhecimento de como funciona uma eleição. As pessoas, em grande parte dos casos, recebem um convite e, sem muitas análises a respeito do desafio que têm pela frente e sem ao menos conhecerem as regras que regem uma eleição proporcional, resolvem aceitar, entrando de "cabeça" na disputa. Essa conduta se assemelha à de alguém que entra num jogo de futebol ou em um outro qualquer sem saber como se comportar em campo, não conhecendo nem mesmo o mínimo para se dar bem no jogo. Em virtude dessa deficiência, corre para o lado errado do campo, chuta no gol de seu time, enfim, comete barbaridades.

Nas disputas eleitorais, sempre me deparo com casos semelhantes. Candidatos que, no calor da disputa, se convencem de que vão ganhar, pois todos com quem entram em contato prometem votar neles, e, desse modo, acabam por entrar em enrascadas. Frequentemente se envolvem em empréstimos para alavancar o seu sucesso no pleito.

Pensam faltar somente um empurrãozinho para a sua candidatura deslanchar. Em época de eleições, sempre encontro na rua com candidatos que, segundo a minha avaliação, por não conhecerem o "terreno em que pisam", estão em busca de uma vitória tecnicamente impossível. Costumo comentar com a minha esposa: "Está vendo aquele lá? Coitado, mal sabe que está perdendo o seu tempo. Mesmo que seja o mais votado da cidade, muito provavelmente não se elegerá. É claro que ele ganha uma experiência fabulosa, mas o motivo de sua candidatura certamente não foi somente o de acumular novas experiências".

Mudanças nas regras eleitorais

Estão em julgamento no Supremo Tribunal Federal (STF) três ações apresentadas por quatro partidos políticos (REDE, Podemos, PSB e PP). Em 7 de fevereiro de 2023, a Procuradoria Geral da República (PGR) se manifestou favorável ao pedido dos partidos. As ações se referem às "sobras" eleitorais no Legislativo. Existe um questionamento em torno da segunda fase dos cálculos para definição das vagas obtidas pelos partidos. Tudo indica que haja uma alteração na configuração atual, porém a tendência é a de que um novo entendimento para o cálculo somente seja aplicado a partir das eleições de 2024 — isso para garantir a segurança jurídica.

AS MODALIDADES DE ELEIÇÕES

Soluções finais não existem na realidade; existem apenas soluções poderosas.
Eliyahu Goldratt

As eleições no Brasil podem ser majoritárias ou proporcionais. As majoritárias são aquelas que elegem o presidente da República, os governadores, prefeitos e senadores. As proporcionais, que são objeto deste texto, elegem nossos vereadores, deputados estaduais, distritais e federais.

Diferentemente das majoritárias, que elegem o mais votado (ou até os dois mais votados, no caso do Senado Federal), as eleições proporcionais definem as vagas a serem ocupadas pelos partidos na Câmara Federal, assembleias legislativas, Câmara Distrital (no Distrito Federal) e câmaras municipais.

No período eleitoral, candidatos e eleitores são inundados com informações acompanhadas de nomenclaturas que indicam os tipos de voto e os números contabilizados em uma eleição. Essas palavras técnicas — como *aptos*, *comparecimento, abstenções, votos em branco, votos nulos, votos nominais, votos de legenda, votos válidos, quociente eleitoral, quociente partidário* e *vagas disponíveis* — são comumente divulgadas pela imprensa e ouvidas nas rodas de conversa nessa época. Mas vamos separar o joio do trigo.

Como definir quais candidatos serão eleitos?

Acredito que muita gente já se deparou com postagens nas redes sociais afirmando que, se a maioria dos eleitores anular o seu voto, concorrerá para a anulação das eleições, de modo a provocar a realização de um novo pleito com outros candidatos. Saiba que se trata de uma fake news recorrente, pois a legislação eleitoral vigente estabelece que são os votos válidos (VV) que definem os vencedores de uma eleição. Nada mais.

As cadeiras disponíveis em cada casa legislativa são divididas proporcionalmente à quantidade total de votos que cada partido conquistou nas eleições realizadas com o intuito de preenchê-las.

Os votos utilizados para se concretizar essa divisão são os VV, que são provenientes do somatório dos votos nominais (VN), que são aqueles votos conquistados por cada candidato do partido, e os votos de legenda (VL). Os votos de legenda são aqueles oferecidos diretamente ao partido, quando se deixa de votar em um candidato específico. O fator utilizado para fazer a divisão de cadeiras entre os partidos é o quociente eleitoral (QE), que é calculado assim: toma-se a somatória dos votos válidos que todos os partidos obtiveram e divide-se pelo número de cadeiras disponíveis (CD) na casa legislativa em questão. O QE também é a quantidade mínima de votos válidos de que um partido necessita para ter direito a uma das vagas disponíveis na casa legislativa em disputa.

Por exemplo, na última eleição municipal de São Paulo, em 2020, foram contabilizados 5.049.137 votos válidos. Como a Câmara de Vereadores de São Paulo tem 55 vagas disponíveis, bastou dividir a quantidade de votos válidos pelo número de cadeiras disponíveis e chegou-se ao resultado de 91.802 votos válidos. Este foi o quociente eleitoral encontrado naquela eleição.

Essa foi a quantidade mínima de votos válidos de que os partidos necessitaram para preencher pelo menos uma vaga disponível naquela eleição para a Câmara Municipal de São Paulo. Pois bem, quinze partidos políticos, entre os que concorreram às eleições, atingiram ou ultrapassaram o quociente eleitoral: PT, PSDB, PSOL, DEM, Republicanos, Podemos, PSD, MDB, Patriota, NOVO, PSB, PL, PSL, PP e PV. Essas agremiações se habilitaram para o cálculo do quociente partidário (QP), que é o número que define quantos candidatos cada partido irá eleger. Você chega a esses resultados dividindo o número de votos válidos obtidos por esses partidos pelo quociente eleitoral daquela eleição.

O PT, por exemplo, alcançou 652.924 votos válidos, que, divididos pelo quociente eleitoral de 91.802, deram um resultado de sete inteiros e onze décimos (7,11), número fracionário que, conforme as regras eleitorais, deve ter suas casas decimais desprezadas. Portanto, esse cálculo lhe deu o direito a sete vagas. Essas sete vagas são o que chamamos de quociente partidário (QP) do partido.

Após realizarmos o mesmo cálculo para os demais catorze partidos citados acima, que tiveram votação igual ou superior ao quociente eleitoral, chegamos ao número de 39 vagas preenchidas. Como já informado, os candidatos eleitos através desse tipo de vaga são anunciados pelo Tribunal Superior Eleitoral e pela imprensa como candidatos *eleitos por QP*, ou seja, eleitos por quociente partidário.

Uma vez sabido quantas vagas cada partido tem o direito de ocupar, fica faltando somente definir os candidatos aptos a ocupá-las.

As 39 vagas alcançadas, pelos quinze partidos citados no exemplo acima, foram preenchidas de acordo com a cota conquistada por cada um e em ordem decrescente de votação dos candidatos de cada sigla, desde que seus candidatos tenham alcançado uma votação igual ou superior a 10% do quociente eleitoral.

Como o número de vagas disponíveis na Câmara Municipal de São Paulo é de 55, e foram preenchidas nessa primeira fase dos cálculos somente 39, as 16 vagas restantes foram preenchidas através de um processo chamado de cálculo das médias ou cálculo das sobras.

De acordo com a legislação eleitoral vigente, somente poderão participar dessa segunda fase dos cálculos os partidos ou federações partidárias que alcançarem pelo menos 80% do quociente eleitoral, e seus candidatos 20% de votos do QE. É o que está sendo chamado de regra 80/20.

Desse modo, poderiam participar as federações partidárias e os partidos políticos que alcançassem no mínimo 73.442 votos válidos, correspondentes a 80% do quociente eleitoral.

Portanto, no nosso exemplo da última eleição, mais dois partidos entrariam na disputa das vagas: PSC, que obteve 81.037 votos válidos, e PTB, com 74.229 votos válidos.

A legislação determina também que, se nenhum partido alcançar o quociente eleitoral, considerar-se-ão eleitos, até serem preenchidas todas as vagas, os candidatos mais votados.

Lembramos que, na segunda parte deste livro, o Apêndice, o leitor encontrará a explicação detalhada desse processo de definição de preenchimento de vagas.

Resumindo:

» A primeira fase dos cálculos que definem a quantidade de vagas a que os partidos terão direito é a fase do cálculo do QP.

- » Para participar dessa fase de cálculos, o partido precisa alcançar uma votação igual ou superior ao QE.
- » O QE é o número resultante da divisão dos votos válidos pelo número de cadeiras disponíveis para a casa legislativa em disputa, por exemplo, a Câmara Federal.
- » Esgotadas as vagas preenchidas pelo cálculo do QP, passamos para a segunda fase, a dos cálculos das médias ou das sobras.
- » Somente participam dessa fase dos cálculos os partidos ou federações que obtiveram uma quantidade de votos válidos igual ou superior a 80% do QE, e seus candidatos votos nominais em quantidade igual ou superior a 20% do QE.
- » As vagas são atribuídas aos partidos que conquistaram as maiores médias.

Votos válidos em porcentagem

O total de votos válidos de uma eleição proporcional representa 100% das vagas disponíveis, isto é, 55 cadeiras, se tomarmos como referência as eleições municipais de São Paulo. Como já vimos, o QE é uma grandeza proporcional a 1 em 55 cadeiras. Agora ficou tudo mais fácil: a porcentagem de votos necessária para eleger um vereador (QE) para a Câmara de Vereadores de São Paulo é obtida com a realização do cálculo da proporção de 1 para 55. Multiplicando esse valor por 100, chegamos ao percentual aproximado de 1,82%.

A porcentagem necessária para a ocupação de uma cadeira de São Paulo por QP na Câmara Federal é obtida através do percentual relativo a 1 vaga em 70, ou seja, 1,43%. Já para a Assembleia Legislativa de São Paulo, essa relação é de 1 vaga em 94, que corresponde a 1,06%.

Veja que, muito embora os percentuais para se conquistar uma vaga por São Paulo sejam diferentes entre a Câmara Federal e a

Assembleia Legislativa (1,43% e 1,06%), o eleitorado no qual os votos serão disputados é o mesmo: o estado de São Paulo.

Ou seja, embora os partidos e candidatos busquem votos dentro de um mesmo eleitorado, necessitam de uma quantidade menor para eleger seus representantes à Assembleia Legislativa. Por outro lado, quando a comparação é entre a Câmara Municipal (1,82%) e a Assembleia Legislativa (1,42%), notamos que o percentual de votos necessário para eleger um deputado estadual é menor do que o necessário para eleger um vereador. Além disso, o seu eleitorado em disputa não está restrito apenas ao município de São Paulo, mas se estende por todo o estado. Se olharmos para os totais de votos válidos apurados no estado e no município de São Paulo em 2022, verificaremos que foram:

— 23.296.198 votos válidos dentro do estado. Aplicando o percentual de 1,0638%, chegamos a um QE de 247.825 votos, que é a quantidade mínima necessária para elegermos um deputado estadual por São Paulo.

— 6.193.292 votos válidos no município. Aplicando o percentual de 1,8182%, chegamos a um QE de 112.606, que é a quantidade mínima necessária para elegermos um vereador no município de São Paulo.

Os cálculos nos mostram que o eleitorado para a disputa estadual é quase quatro vezes maior do que o da municipal, enquanto a quantidade de votos válidos necessária para atingir o QE é apenas um pouco mais que o dobro.

A LISTA DE CANDIDATOS

Você é livre para fazer escolhas, mas é prisioneiro das consequências.
Pablo Neruda

Para um pretendente a uma vaga proporcional, a lista de candidatos do seu partido é de vital importância para os seus propósitos.

A legislação eleitoral atual estabelece que as federações partidárias e/ou os partidos políticos podem registrar um limite de 100% do número de vagas a serem preenchidas mais um. Se tomarmos a eleição municipal de São Paulo como exemplo, na qual 55 cadeiras representam 100% das vagas disponíveis, então, ao somarmos um a esse número, chegaremos a 56, que é a quantidade legal de candidatos permitida para cada partido lançar. A federação partidária funciona como uma única legenda e, portanto, está submetida às mesmas regras aplicadas aos partidos políticos.

Para o candidato, é importante que o seu partido faça o registro do número máximo de candidatos permitido pela legislação eleitoral.

Não apenas isso, mas também é fundamental que a lista de candidatos da sigla seja formada por nomes com força eleitoral, o que facilitará para ela atingir ou, melhor ainda, ultrapassar o valor correspondente ao quociente eleitoral.

Esses dois pontos oferecem ao candidato a garantia de estar ingressando em um partido com força ou alto potencial eleitoral.

Um dos impedimentos para o partido lançar o número máximo de candidatos permitido é o quesito de sempre manter um percentual mínimo legal de 30% de candidaturas de um mesmo sexo. Essa é uma das exigências que, pela dificuldade em cumpri-la, faz com que os partidos acabem não completando seus registros de candidatos, disputando o pleito com menos concorrentes do que o permitido por lei.

Para os candidatos empenhados com os resultados, esses são detalhes de real importância.

Um partido que lança poucos candidatos denota sua fraqueza eleitoral e, consequentemente, terá muita dificuldade de atingir o quociente eleitoral. Um partido realmente forte já tem entre os seus filiados os candidatos certos para cada disputa.

Nas eleições anteriores, os partidos mais fracos podiam contar com o recurso da coligação para tentar eleger algum de seus candidatos com grande potencial eleitoral.

Hoje, a coligação não é mais permitida nas eleições proporcionais, e a saída para esses partidos talvez seja a de tentar formar uma federação partidária, porém não se trata de um processo tão simples quanto a coligação.

O leitor deve estar pensando: "Mas como posso identificar os partidos com força eleitoral?".

Então, eu o tranquilizo: até o final destas páginas, você terá todo o conhecimento necessário para identificar os detalhes que passam despercebidos para a grande maioria dos candidatos.

QUANTAS VAGAS DE FATO ESTÃO EM DISPUTA?

Conhecer a razão de um fracasso é compreender como se chega ao êxito.

Albert Einstein

Essa é uma pergunta interessante. Talvez ainda pudesse ser: "Quais são as minhas chances?" Tem gente que é até mais arrojada e já pergunta logo: "Quantos votos são necessários para eu me eleger nessa eleição?".

Pois bem, vamos por partes. Primeiro, para responder quantas vagas estão em disputa numa eleição para vereador, deputado estadual, distrital ou federal, temos que saber a qual município ou unidade da federação e a qual casa legislativa estamos nos referindo: municipal, distrital, estadual ou federal. Para vereador, esse número varia de acordo com o número de habitantes do município em questão, de um mínimo de 9 até um máximo de 55. Para deputado estadual ou federal, também há variações. Em São Paulo, por exemplo, são 94 vagas disponíveis na Assembleia Legislativa e 70 na Câmara Federal. Muito bem, inicialmente o candidato precisa se conscientizar de que esses números dificilmente são os números de vagas realmente disponíveis.

Análises baseadas em métodos empíricos indicam que o número de vagas efetivas é aproximadamente 50% menor. Esse fenômeno ocorre devido à presença de candidatos que já ocupam cargos parlamentares, ou seja, detêm um mandato. Essa condição se torna um facilitador para a reeleição, uma vez que enfrentar uma nova eleição é consideravelmente mais fácil do que disputá-la pela primeira vez. Após conquistar um mandato, a partir da segunda disputa em diante, o candidato já possui um gabinete, assessores, trabalho realizado, uma lista de contatos e, em suma, toda uma estrutura e experiência que lhe possibilitam obter a reeleição com maior facilidade em comparação com alguém que esteja concorrendo pela primeira vez.

Para exemplificar esse fenômeno, os números das últimas eleições municipais nos mostram que, em 2020, a Câmara Municipal de São Paulo renovou apenas 24 de suas 55 vagas disponíveis, uma taxa de 56,4% de reeleição. Em 2022, também aconteceu uma taxa de reeleição de 56,4% na Assembleia Legislativa, o que significa a continuidade do mandato de 53 deputados estaduais num total de 94 cadeiras. Ainda em 2022, foram 295 reeleições de deputados federais, 57,5% dos 513 deputados. Na bancada de São Paulo, o índice de reeleição foi de 68,6%, ou seja, reelegeram-se 48 do total de 70 deputados federais.

Os números são realmente consistentes no que se refere a essa afirmação. A seguir, há uma figura com os números referentes às cinco eleições disputadas no munícipio de São Paulo neste início do terceiro milênio.

ELEITORES VOTANTES	22.517.356
Total de candidatos em 5 eleições 2004 - 2020	6.564
VOTOS NOMINAIS DOS ELEITOS	11.245.881
CADEIRAS DISPONÍVEIS	275
OCUPANTES DAS 275 VAGAS 2,1% do total de candidatos	138

CANDIDATOS	MANDATOS
5	5
15	4
14	3
43	2
61	1

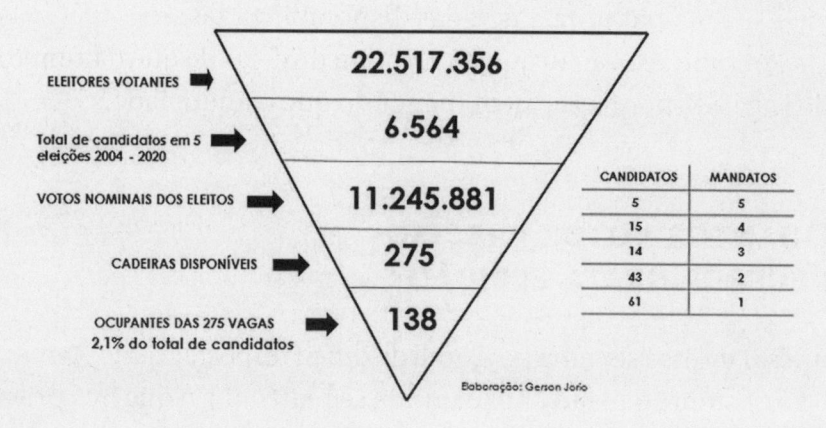

Elaboração: Gerson João

FIGURA 1 – NÚMEROS CONTABILIZADOS EM ELEIÇÕES PARA VEREADOR EM SÃO PAULO (2004-2020).

Como pode ser visto, as 275 cadeiras disputadas nas últimas cinco eleições municipais de São Paulo foram ocupadas por 138 candidatos, o que representa 2,1% do total de candidatos que disputaram aquelas eleições.

Acrescente-se a isso que, em um determinado pleito, além de termos um elevado número de reeleições, há ainda entre os candidatos aqueles que já se elegeram para outros cargos com grau de dificuldade igual ou até maior do que o disputado naquele momento.

É corriqueiro também observar entre aqueles que se elegem pela primeira vez um número também elevado de candidatos que já participaram com sucesso de eleições anteriores. São candidatos que estão evoluindo no seu aprendizado dentro de um processo de disputa e ampliando o seu eleitorado. São sempre candidatos fortes; alguns conseguem alcançar o seu intento; outros, por não compreenderem o que queremos explicar aqui, ficam no "meio do caminho", sem jamais alcançar a vitória. Se o candidato não se apropriar de certos conhecimentos, poderá ficar na posição daquele sujeito que nunca consegue entrar na festa. Vocês devem conhecer a história de vários candidatos com esse perfil, aqueles que sempre recebem altas votações sem nunca chegar a ocupar uma das vagas disponibilizadas.

Por tudo isso, acho que não restam dúvidas de que o número de vagas disponíveis é bem menor do que o anunciado.

Quantos votos preciso receber nesta eleição?

Apesar de essa ser uma pergunta de difícil resposta, vamos tentar. Não obstante o pleito não ter ainda se realizado, o que nos priva dos principais números para respondermos uma pergunta desse tipo, podemos contar com a proporcionalidade para nos ajudar no entendimento das grandezas envolvidas na questão.

Como já vimos, o número total de vagas disponíveis em uma casa legislativa é proporcional ao número total de votos válidos apurados. O quociente eleitoral, por sua vez, é expresso na razão de uma vaga pelo total de vagas.

Mas não se preocupem: nos próximos tópicos, tentaremos responder essa questão ou nos aproximarmos da sua resposta.

É mais fácil se eleger em São Paulo ou Roraima?

Eleger-se vereador, deputado estadual, distrital ou federal é sempre difícil, mas existe uma relação entre número de vagas disponíveis, tamanho do eleitorado e número de partidos disputando a eleição que pode servir como um complicador ou facilitador nos planos de um candidato.

Quem almeja, por exemplo, uma vaga em Roraima vai disputá-la dentro do menor eleitorado do país, com oito vagas, um dos estados com o menor número de vagas disponíveis. Portanto, o partido pelo qual o candidato em questão disputa o pleito necessitará de 12,5% dos votos válidos para eleger pelo menos um candidato — uma vaga em oito, lembra?

Como o eleitorado é pequeno, quanto maior for o número de partidos disputando a eleição, mais dispersos ficam os votos e mais difícil a contenda. Temos hoje 29 partidos políticos registrados no Tribunal Superior Eleitoral, e a tendência é que todos entrem na disputa de todas as eleições realizadas no país. Tudo depende também do potencial de votos dos candidatos de cada partido, mas, grosso modo, em São Paulo, cada partido necessita de apenas 1,42% dos votos válidos para eleger um candidato a deputado federal. Perceba que precisamos de apenas 1,42% dentro do maior eleitorado do país, com quase 24 milhões de votos válidos nas últimas eleições.

Isso explica o porquê de tantos candidatos de outros estados disputarem as eleições por São Paulo. Uma pena!

Além de Roraima, temos mais dez unidades da federação cujo número de vagas disponíveis nas suas bancadas federais é igual a oito: Rio Grande do Norte, Sergipe, Tocantins, Mato Grosso, Mato Grosso do Sul, Amazonas, Rondônia, Distrito Federal, Acre e Amapá. Em virtude disso, todas elas apresentam um quociente eleitoral de 12,5% dos votos válidos, o que é um número extremamente alto e impossível de ser alcançado por partidos menores, que não dispõem de grandes estruturas e candidatos com alto potencial de votos entre seus filiados. Acresça-se a isso que, para disputar a segunda fase dos cálculos, o partido ou a federação partidária necessitará alcançar 80% do quociente eleitoral, e seus candidatos 20% dos votos válidos, número que representa 2,5% do quociente eleitoral, votação somente alcançada por um número diminuto de candidatos.

Mas a coisa não para aí. Pernambuco conta com doze vagas na bancada federal; Espírito Santo e Piauí, dez; e Alagoas, nove.

Isso gera uma grande barreira para os partidos menores também nesses estados.

Os candidatos que tiverem a pretensão de ocupar as vagas desses estados terão de enfrentar grandes dificuldades em função da alta votação exigida e também a certeza de que poucos partidos atingirão os números necessários para isso, dificultando ainda mais a sua tarefa.

Há somente um jeito de o candidato driblar essas dificuldades: através de uma análise criteriosa do pleito e se apropriando de conhecimentos que lhe permitam fazer as escolhas corretas.

UM PADRÃO MUITO IMPORTANTE

Um viajante sem conhecimento
é um pássaro sem asas.

Sa'di, Gulistan (1258)

Analisando uma série de eleições, chega-se à conclusão de que existe um padrão sempre presente em vários pontos de um pleito. Trata-se do princípio de Pareto, uma tendência que prevê que 80% dos resultados surgem de apenas 20% das causas. Esse padrão intrigante é observado em diferentes cenários e contextos.

Conheci esse princípio trabalhando no planejamento das compras de uma fábrica, em que se observava que 80% do valor total das compras da empresa se concentravam em apenas 20% dos itens comprados.

Tal qual a nova regra de cálculo para decidir os partidos que irão preencher as vagas disponíveis em uma eleição, o princípio de Pareto também é conhecido como regra 80/20.

Esse princípio, utilizado numa infinidade de aplicações, também é observado nas eleições proporcionais, na quais notamos que poucos candidatos acabam ficando com a grande maioria dos votos.

Nas cinco eleições para vereador que tivemos no município de São Paulo, neste primeiro quarto do século XXI, podemos observar os seguintes resultados:

— Em 2004, 240 candidatos (20% de um total de 1.209) obtiveram 3.991.216 votos nominais (84,6% do total).

— Em 2008, 216 candidatos (20% de um total de 1.077) obtiveram 3.661.870 votos nominais (85,5% do total).

— Em 2012, 228 candidatos (20% de um total de 1.166) obtiveram 4.028.695 votos nominais (85,5% do total).

— Em 2016, 256 candidatos (20% de um total de 1.276 candidatos) obtiveram 3.858.351 voto nominais (85,2% do total).

— Em 2020, 367 candidatos (20% de um total de 1.836 candidatos) obtiveram 3.741.465 voto nominais (85,1% do total).

Um outro fator vem fortalecer essa constatação de que poucos candidatos ficam com a maior parte dos votos. Pelas regras vigentes desde 2018, para ser declarado eleito na primeira etapa dos cálculos, o candidato precisa ter uma votação de pelo 10% do QE. Se for para o cálculo das sobras, precisa alcançar pelo menos 20% do QE. Vemos, por exemplo, que no estado de São Paulo apenas 93 candidatos, de um total de 1.427, conseguiram atingir uma votação igual ou superior a 20% do QE. Isso em um estado com 70 vagas disponíveis na bancada federal.

Publicamos no Apêndice deste livro a Tabela 19: "Distribuição dos principais números das eleições federais de 2022", com os dados completos dos demais estados.

FORÇA ELEITORAL

O HOMEM DEVE CRIAR AS OPORTUNIDADES E NÃO SOMENTE ENCONTRÁ-LAS.
Francis Bacon

Quando observamos os resultados de candidatos que disputaram várias eleições, percebemos que existe um grupo que mantém uma média equilibrada de votos.

Dentro desse grupo, encontramos tanto candidatos que mantêm altas votações, com pequenas variações durante vários pleitos, como gente com médias e baixas votações, também com pequenas variações de uma eleição para outra.

Quanto mais filiados com alta regularidade de votos um partido tem, maior é sua força política. Mais previsíveis também serão seus resultados.

Quando termina uma eleição, nós temos, nesse momento, um retrato da força política partidária no município, distrito, estado ou federação.

Retrata uma situação momentânea porque o processo eleitoral determina que antes de uma eleição seja aberta uma janela de transferência de filiações partidárias. Assim, de acordo com a conjuntura política da ocasião, ocorrem transferências que mudam a força política de algumas agremiações. Existem partidos que permanecem praticamente imutáveis, quase não se observam mudanças significativas no seu quadro de filiados no decorrer do tempo. Por outro lado, existem partidos, geralmente os menores, que não dispõem de filiados com histórico vitorioso nas urnas, o que pode complicar os planos de pessoas que queiram se candidatar por eles contando com o sucesso. Se tomarmos como exemplo a lista dos 513 deputados federais, por partido político e estado de origem, que compõem a Câmara dos Deputados, vamos verificar que ela está formada por representantes de 23 partidos políticos, quando na realidade temos 29 registrados no Tribunal Superior Eleitoral.

Se um candidato apresenta uma votação variando entre 30 mil e 10 mil votos durante quatro eleições consecutivas, não acredito que devamos esperar que ele alcance uma votação de, por exemplo, 150 mil votos em uma quinta tentativa.

No momento no qual escrevo este texto, maio de 2023, temos o calendário eleitoral estabelecendo as eleições municipais de 2024 como sendo o nosso próximo pleito, o que me faz buscar exemplos de eleições municipais para ilustrar as nossas conclusões.

Se olharmos para os vereadores que hoje ocupam as 55 cadeiras da Câmara Municipal de São Paulo, vamos constatar que temos representantes eleitos há cinco, quatro, três e dois mandatos com regularidade impressionante de votos nominais.

Lógico que nada é 100% seguro, mas a análise dos resultados de diversas eleições pode nos fornecer uma orientação razoável da futura votação de uma porcentagem significativa de candidatos. Essa constatação por si só já nos dá uma percepção bastante apurada da força eleitoral de uma agremiação, mas somente isso ainda não atende integralmente nossos propósitos de saber qual sigla é mais confiável para disputarmos uma eleição com a certeza de estarmos realmente na disputa e não somente participando do pleito.

A CAUSA PRECEDE A CONSEQUÊNCIA

A METADE DA CIÊNCIA É DESCOBRIR AS RESPOSTAS EXATAS; METADE É FORMULAR AS PERGUNTAS CORRETAS.
AUTOR DESCONHECIDO

Se existe uma parcela dos candidatos cuja futura votação é previsível, há uma outra, que, na verdade, deve ser a grande maioria, cuja força eleitoral é desconhecida.

Antes de prosseguirmos nessa direção, vamos definir exatamente o que queremos. Duas coisas são importantes para você que pensa em ser candidato:

- Sendo alguém que ainda não participou de disputas políticas, descobrir as suas reais chances de sucesso para entrar na "briga".
- Descobrir a força eleitoral dos partidos para saber por qual deles disputar sem correr o risco de não ser eleito mesmo alcançando uma votação excepcional.

A força eleitoral dos partidos está concentrada na sua quantidade de candidatos com alta capacidade de conquistar votos. Já a viabilidade de cada candidato repousa na sua chance de fazer parte desse time. São poucos os candidatos que se incluem nessa lista — só aqueles com votação igual ou superior a 20% do QE, um número um pouco superior ao de vagas disponíveis para a casa de leis em questão. Existem outros, também poucos, com grande chance de serem eleitos na fase do QP, que conseguem uma votação igual ou superior a 10% do QE. No total, os dois grupos nem sempre atingem 20% dos candidatos.

Então vamos lá: concentremo-nos na terceira parcela dos candidatos — os de votação imprevisível.

Embora essa fração de candidatos seja muito grande, pouquíssimos deles vão se qualificar para serem eleitos com aqueles que já participaram de outros pleitos. Para essa categoria, podemos buscar, através do sistema de divulgação de candidaturas e prestações de contas do TSE, e também através das mídias sociais, pistas de sua chance de obter uma boa votação.

Divulgação de candidaturas

No sistema de divulgação de candidaturas e contas eleitorais do TSE, podemos obter várias informações sobre os candidatos, as quais poderão nos ajudar a construir uma pista sobre a sua futura votação.

Lá encontramos informações sobre ocupação, grau de instrução, situação da candidatura, lista de bens etc.

Em 2014, fizemos um prognóstico das eleições para deputado federal envolvendo os pleitos realizados em todos os estados do país.

Naquela ocasião, também fizemos uma ampla pesquisa e análise do histórico dos 6.674 candidatos. Para os que não disputaram eleições anteriores, fizemos a busca no sistema *DivulgaCand*

2014, onde encontramos informações que podem dar uma pista do potencial de votos do candidato.

Exemplificando, apresentamos os dados de dois candidatos entre os muitos levantados:

Candidato 1: XXXXXXXXX Partido: XXXX
Nome para urna: XXXXX
Grau de instrução: Superior completo
Ocupação: Empresário
Bens: 17 milhões

Candidato 2: XXXXXXXXX Partido: XXXX
Nome para urna: XXXXXX
Grau de instrução: Ensino médio incompleto
Ocupação: Vigilante
Bens: Não existem bens a declarar.

Não colocamos o nome dos candidatos porque não se trata de candidatos da eleição que utilizamos como base para este trabalho.

Perceba que as informações referentes aos dois candidatos são muito diferentes, principalmente no que diz respeito aos bens.

Mídias sociais

As mídias sociais (Facebook, Twitter, Instagram, LinkedIn, Google+, YouTube e outras) também podem nos fornecer informações importantes para a análise das possibilidades eleitorais de um candidato. Por exemplo, a quantidade de seguidores que o candidato possui ou os trabalhos por ele realizados em uma ONG ou uma entidade beneficente são fatores capazes de aumentar as chances de seu sucesso eleitoral. Um blog através do qual o candidato atraia leitores do município com assuntos interessantes, que mostre a sua bandeira de trabalho, pode vir a ser também um diferencial que lhe traga votos.

Em consulta às mídias sociais, ficamos sabendo que o Candidato 1, apresentado na seção anterior, é herdeiro de duas famílias milionárias, é apresentador de televisão e, conforme uma revista de grande circulação, postou uma foto no Instagram que recebeu 55 mil curtidas. São coisas que nos dão uma pista do seu potencial de votos.

UMA FORÇA SUPLEMENTAR

É INÚTIL DIZER A UM RIO PARA PARAR
DE CORRER; A MELHOR COISA É APRENDER
A NAVEGAR NA DIREÇÃO QUE ELE CORRE.
Anônimo

O voto de legenda é um dos elementos de grande influência nos resultados das eleições proporcionais. Tanto para os partidos políticos quanto para os candidatos. Isso porque ele, juntamente com os votos nominais, compõe os votos válidos. Sozinho, pode trazer uma votação correspondente à de vários candidatos.

Esse fato pode ser demonstrado facilmente através da análise de alguns pleitos eleitorais já realizados, como se vê a seguir.

Na eleição de 2002 para deputado estadual em São Paulo, a candidata Havanir Tavares de Almeida Nimtz, do PRONA, angariou a maior votação daquele pleito, com 682.219 votos nominais. A menor votação ficou com Adilson Barroso Oliveira, também do PRONA, que se elegeu com 9.928 votos.

Naquele ano, o PT sozinho teve 996.769 votos de legenda. Como o quociente eleitoral foi de 221.824 votos, os votos de legenda do PT foram suficientes para eleger pelo QP quatro candidatos. Outros candidatos podem ter sido eleitos em decorrência dessa votação, na fase dos cálculos das sobras.

O segundo colocado, o PSDB, teve 560.554 votos de legenda, responsáveis pela eleição de mais de dois candidatos. O PRONA, partido da candidata mais votada, ficou com 67.286 votos de legenda, uma quantidade de sufrágios maior do que a de 37 outros candidatos também eleitos.

Portanto, um candidato com grande potencial de votos e que não queira ser surpreendido por fatos desagradáveis precisa fazer as escolhas corretas, e uma delas está calcada na sua percepção a respeito dos partidos com maior chance de obter quantidades significativas de voto de legenda.

Em 2006, foi a vez de Campos Machado, do PTB, ser o mais votado, com 246.247 votos nominais. O PT obteve 1.090.159 votos de legenda. A segunda maior votação de legenda ficou com o PSDB, com 1.089.928 votos. O PTB, de Campos Machado, teve 72.878 votos de legenda.

Nas eleições de 2010, o mais votado foi Bruno Covas, do PSDB, com 239.150 votos. Ulisses Mario Tassinari, do PV, teve a menor votação entre os eleitos, 41.623 votos. A votação de legenda do PT foi de 1.105.523 sufrágios. O PSDB levou 1.006.700 votos, e o PV 581.274 votos válidos. O quociente daquela eleição foi de 230.585 votos. O PT elegeu 24 deputados estaduais. Seus votos de legenda foram responsáveis por pelo menos cinco cadeiras.

Em 2014, das 22 cadeiras conquistadas pelo PSDB, pelo menos cinco podem ser atribuídas aos seus mais de 1 milhão de votos de legenda. O PT, que assumiu 14 vagas naquele ano, teve uma ajuda de pelo menos três vagas impulsionadas pelos seus 616.144 votos de legenda.

Em 2018, tiveram seus números de vagas preenchidas na fase de cálculo do quociente partidário impulsionados pelos votos de legenda o PSL, o PT e o PSDB. Para o PSL, foram pelo menos duas vagas das quinze conquistadas. O PT também teve uma ajuda de pelo menos duas vagas das dez preenchidas, e o PSDB ganhou com sua votação de legenda pelo menos uma de suas oito cadeiras ocupadas.

Em 2022, o PT e o PL foram os partidos beneficiados pelos votos de legenda. Pelo menos duas das vagas conquistadas por cada um foram decorrentes desse tipo de voto.

Uma vez convencidos da importância do voto de legenda para o sucesso do candidato, só nos resta descobrir qual é o mecanismo que provoca essa tendência de votação. Sabido isso, o candidato poderá fazer as melhores escolhas.

O voto de legenda também apresenta alguns padrões que se repetem eleição após eleição.

No texto acima, verificamos que dois partidos aparecem em quase todas as eleições como os campeões dos votos de legenda: PT e PSDB. Essa alta aparição nas listas dos detentores das maiores votações vem sempre acompanhada de intensa disputa entre eles pelo cargo majoritário no estado. Foram também os partidos que se apresentaram na disputa com as maiores e mais fortes coligações.

As suas coligações, as mais votadas naquelas eleições, certamente contribuíram para fortalecer a votação dos candidatos majoritários e aumentar o número de votos de legenda direcionados àquelas siglas. A partir de 2018, a constância desse padrão está sendo ameaçada. O PSL e o PL passaram a frequentar o ranking dos maiores angariadores de votos de legenda. O estranho é que esses partidos, diferentemente dos outros que frequentavam essas classificações, não apresentaram candidatos próprios para disputar o governo do estado. Tudo nos leva a crer que está acontecendo uma influência federal incomum nas eleições estaduais. Vamos ver como isso se dará nas próximas eleições.

Como os partidos mais bem colocados na disputa estadual também possuem os candidatos majoritários mais fortes e conhecidos, a minha explicação do porquê das grandes votações de legenda é o erro. Atribuo esse erro à ordem de votação nas urnas, que estabelece que o candidato proporcional seja votado antes do candidato majoritário. O eleitor vai para as urnas pensando prioritariamente na votação do candidato majoritário, por isso, no impulso, ele acaba digitando e confirmando o número do majoritário na máquina, gerando um voto de legenda. Mesmo que a sua intenção original não tenha sido essa.

Agora temos essa novidade do PSL e PL. Mas, de qualquer forma, os partidos mais fortes, com os candidatos mais populares e com as coligações mais consistentes, ainda atraem a maioria dos votos de legenda.

Outro padrão observável nos votos de legenda é a confirmação do princípio de Pareto. Observa-se que 20% das legendas que disputam as eleições ficam com cerca de 80% dos votos de legenda. Geralmente os dois partidos que atraem as maiores votações de legenda ficam com quase 60% desses votos.

DE OLHO NO QUE JÁ FOI

Tudo o que é já foi, e tudo
o que será também já foi.

Eclesiastes

O candidato precisa se adaptar às disputas cada vez mais difíceis. A melhor maneira de ganhar uma eleição é deixando de perdê-la por erros que poderiam ser evitados. Para isso, temos de entender bem os problemas e enfrentá-los, inspirando-nos na citação acima, do Eclesiastes, olhando para o que já foi. Para isso, entre os pleitos realizados em 2022, vamos nos aprofundar nos resultados de algumas eleições federais e uma distrital, as únicas que aconteceram sob as regras eleitorais atuais (maio de 2023).

ELEIÇÕES PARA DEPUTADO FEDERAL — SÃO PAULO (SP)

Com setenta vagas disponíveis na bancada federal e o maior eleitorado entre as unidades federativas, São Paulo realizou sua eleição para deputado federal, disputada por 25 partidos registrados no TSE, com 1.455 candidatos. Por lei, os partidos paulistas poderiam ter lançado um total de 2.272 candidatos (71 candidaturas × 32 partidos).

Apenas dez partidos e três federações partidárias conseguiram alcançar o QE de 335.819 votos válidos e se tornaram aptos a concorrer aos cálculos para definição do QP. A quantidade mínima exigida para o candidato assumir uma vaga conquistada por QP no estado foi de 33.582 votos, que representam 10% do QE. É importante ter em mente que essa quantidade de votos é bem difícil de ser atingida, e foi alcançada por somente 149 candidatos entre os 1.455 que disputaram a eleição. Para assumir uma vaga na fase dos cálculos das sobras

(20% do QE), a quantidade mínima exigida do candidato sobe para 67.164 votos, número atingido por apenas 93 participantes.

Abaixo seguem os partidos que conquistaram cadeiras por São Paulo na bancada federal.

Partido Liberal (PL)

Com a maior votação entre os partidos concorrentes, 5.366.593 votos válidos, o PL elegeu 15 dos seus 17 representantes através do QP. O partido concorreu com 70 candidatos e, devido à quantidade e à força eleitoral da maioria deles, já se mostrava um concorrente fortíssimo antes mesmo da realização das eleições.

Segue um quadro com os eleitos:

DEPUTADOS ELEITOS PELO PL	2014	2018	2022
Carla Zambelli	-	76.306	946.244
Eduardo Bolsonaro	82.224	1.843.735.	741.701
Ricardo Salles	-	-	640.9118
Capitão Derrite	-	119.034	239.772
Pastor Marco Feliciano	398.087	239.784	220.595
Rosana Valle	-	106.100	216.437
Marco Alvino	179.950	135.844	187.314
Capitão Augusto	46.905	242.327	168.740
Paulo Freire da Costa	111.300	109.461	161.675
Jefferson Campos	161.790	99.974	155.336
Mario Frias	-	-	122.564
Miguel Lombardi	32.080	93.093	107.869
Luiz Carlos Motta	94.992	75.218	104.701
Luiz Philippe de O Bragança	-	118.457	79.210
Antonio Carlos Rodrigues	-	-	73.054
Delegado Paulo Bilynskyj	-	-	72.156
Tiririca	1.016.796	453.855	71.754

Note que a grande maioria — no total, treze — foi reeleita, sendo, portanto, candidatos que já tiveram altas votações em eleições anteriores. Dos outros quatro, três já foram ministros de Estado: Ricardo Salles, Mario Frias e Antonio Carlos Rodrigues — o último, inclusive, já foi senador da República. Quanto ao delegado Paulo Bilynskyj, trata-se de um influenciador digital, com grande exposição midiática.

Veja que, quando olhamos para as votações anteriores e para a força de votação dos candidatos do partido, percebemos que já era possível prever o sucesso da sigla. Na fase de cálculo das sobras, o PL, com a oitava maior média, se qualificou para ocupar sua 18ª vaga, mas, em função de não ter mais nenhum candidato com votação equivalente a 20% do quociente eleitoral, não pôde ocupá-la.

Embora lhe tenha faltado um candidato com votação igual ou superior a 20% do QE, naquele momento o partido ainda tinha 8 candidatos que superavam os 10% do QE, votação conseguida por apenas 148 candidatos, em um universo de 1.455 concorrentes.

O PL foi privilegiado pela reorganização das forças partidárias em decorrência da disputa majoritária e foi o partido que mais recebeu candidatos já testados nas urnas e com grande força eleitoral. Essa troca de partidos acontece em um período anterior às eleições, estabelecido pelo TSE e conhecido como "janela eleitoral".

Outro fato importante que precisa ser realçado são os votos de legenda obtidos pelo partido, mais de 200 mil, o que equivale à votação de um forte candidato. Veja que a formação dos votos de legenda seguiu exatamente o padrão já observado nas demais eleições.

Federação Brasil da Esperança (FE BRASIL)

O segundo colocado no ranking de votos válidos paulista foi a Federação Brasil da Esperança, composta pelo PT, PCdoB e PV. Dos partidos que compõem a federação, o PT é o mais forte e vem demonstrando essa força eleição após eleição. Isso pode ser constatado pela sua presença entre os partidos com as maiores bancadas em todas as eleições realizadas neste início de século XXI. Entre os partidos que compõem a Federação Brasil da Esperança, o PT aparece com sete reeleições em 2022.

A federação partidária alcançou 3.139.187 votos válidos e, de seus onze deputados, nove foram eleitos por QP.

A exemplo do PL, a FE BRASIL trouxe em sua lista de candidatos gente com grande força eleitoral, algo que pode ser facilmente constatado pelo quadro a seguir:

DEPUTADOS ELEITOS PELO PT	2014	2018	2022
Rui Falcão	-	158.389	193.990
Kiko Celeguim	-	-	167.438
Jilmar Tatto	-	-	157.843
Luiz Marinho	-	-	156.202
Nilto Tatto	101.196	124.281	151.861
Carlos Zarattini	138.286	137.909	147.349
Arlindo Chinaglia	135.772	87.449	144.108
Alexandre Padilha	-	87.576	140.037
Alencar Santana	-	67.892	139.223
Juliana Cardoso	-	54.746	125.517
Paulo Teixeira	111.301	78.512	122.800

A FE BRASIL, segunda força eleitoral de São Paulo na eleição para deputado federal de 2022, teve uma média de votos bem menor do que a do PL: 39.074 votos por candidato.

Como pretendemos demonstrar, esses quadros trazem o retrato de cada partido que obteve êxito nas eleições, com dados que podem ser levantados facilmente com antecedência, permitindo uma análise apurada para a tomada de decisão dos futuros candidatos.

Entre os eleitos, Luiz Marinho já foi ministro de Estado, Kiko Celeguim já foi prefeito de Franco da Rocha, cidade da região metropolitana de São Paulo, e Jilmar Tatto, além de outros cargos importantes na política, se elegeu deputado federal em 2006 e 2010 com, respectivamente, 145.081 e 250.467 votos. Entre os suplentes da federação, constam nomes com grande força eleitoral, como Orlando Silva (PCdoB), Alfredinho (PT), Vicentinho (PT), Iara Bernardi (PT) e vários outros. Alguns até já assumiram uma cadeira, pois com a formação de um novo governo acontecem nomeações para composição de ministério ou para preenchimento de cargos em outras áreas do governo.

A FE BRASIL, como poderia ser facilmente previsto, também contou com uma grande quantidade de votos de legenda — mais de 400 mil, número que, sozinho, foi responsável por uma das vagas conquistadas pela federação.

Não deveria ser surpresa para ninguém que essas duas agremiações atingiriam as primeiras colocações, fato que poderia ser facilmente previsto por qualquer candidato, haja vista a facilidade de acesso a dados públicos que nos permitem chegar a essas conclusões.

Federação PSOL REDE

Com 2.289.807 votos válidos, a Federação PSOL REDE garantiu seis cadeiras na bancada federal através do cálculo do QP. Veja a seguir os seis deputados eleitos pela federação:

ELEITOS PELO PSOL REDE	2014	2018	2022
Guilherme Boulos	-	-	1.001.472
Erika Hilton	-	-	256.903
Marina Silva	-	-	237.526
Sâmia Bomfim	-	249.887	226.187
Sônia Guajajara	-	-	156.966
Luiza Erundina	177.279	176.833	113.983

A federação chegou à posição de terceiro mais votado em São Paulo com a força eleitoral de Guilherme Boulos, que, conforme previsto, se sagrou o candidato a deputado federal mais votado no estado, com mais de 1 milhão de votos. Contou também com o poder de votação de Erika Hilton (PSOL), Marina Silva (REDE), Sâmia Bomfim (PSOL), Sônia Guajajara (PSOL) e Luiza Erundina (PSOL). Somente Sâmia e Erundina foram reeleitas, mas os outros candidatos, embora tenham se elegido à Câmara Federal pela primeira vez, já são nomes conhecidos na política e donos de campanhas bem-sucedidas em outros pleitos.

Com apenas 59 candidatos e com uma média de votos nominais próxima à da FE BRASIL, 38.390 votos, elegeu quase a metade (54,5%) dos seus candidatos quando comparada à sigla anterior. Digo isso apenas para ressaltar que ter um grande "puxador de votos" é bom, mas melhor ainda é ter uma quantidade significativa de candidatos com votações expressivas.

Veja que a PSOL/REDE, com a segunda melhor média na fase dos cálculos das sobras, não ocupou a sétima vaga a que teria direito por não ter mais candidatos que atendessem a exigência de votação mínima de 20% do QE.

União Brasil (União)

O União entrou na disputa em São Paulo com 66 candidatos e obteve 1.831.668 votos válidos. Proveniente da fusão do DEM com o PSL, antiga sigla de Jair Bolsonaro, o partido perdeu 42 parlamentares na janela partidária de 2022. Como recebeu dez nomes de outros partidos no final daquele período, contabilizou uma perda de 32 parlamentares. Mas, mesmo com essa perda toda, continuou como a quarta força da Câmara Federal, com 47 representantes. No pleito de São Paulo, lançou nomes já testados e outros com grande visibilidade e potencial de voto. Veja o quadro com os seis candidatos eleitos:

DEPUTADOS ELEITOS PELO UNIÃO	2014	2018	2022
Kim Kataguiri	-	465.310	295.460
Rosângela Moro	-	-	217.170
Alexandre Leite	109.708	116.416	192.806
Felipe Becari	-	-	178.777
David Soares	-	99.865	93.831
Marangoni	-	-	89.390

Rosângela Moro, embora não tenha disputado nenhuma eleição anterior, ganhou grande visibilidade na imprensa por conta de ser esposa do juiz Sergio Moro, da Operação Lava Jato. Felipe Becari já havia sido testado nas urnas, tendo sido eleito vereador em São Paulo com 98.717 votos. Entre os lançados em 2022, temos outros nomes já testados nas urnas e que contribuíram para que o partido atingisse um patamar de votos equivalente ao daquelas siglas que ultrapassaram os valores do QE. Entre eles podemos citar Eli Corrêa Filho, Antonio Goulart dos Reis e Fernando Capez.

O União Brasil atingiu uma média de 27.616 votos por candidato.

Movimento Democrático Brasileiro (MDB)

Também com 66 candidatos, o MDB obteve 1.621.718 votos válidos e elegeu quatro deputados pelo QP e um pelo cálculo das sobras. Tendo na sua lista de candidatos o seu presidente, Baleia Rossi, dono de uma grande força eleitoral já demonstrada em várias eleições, o partido elegeu quatro deputados que, embora concorressem pela primeira vez a deputado federal, já se anunciavam como capazes de sucesso nas urnas. Delegado Palumbo vinha de uma disputa com sucesso a uma vaga na Câmara Municipal de São Paulo, em que angariou 118.395 votos. Fábio Teruel, radialista, influenciador, escritor, cantor, evangelizador e publicitário, já dava mostras de grande visibilidade e capacidade de mobilizar enormes quantidades de seguidores. Alberto Mourão, em 2010, foi suplente de deputado federal com 104.133 votos. Simone Marquetto já havia sido testada com sucesso nas urnas, tendo sido prefeita de Itapetininga por dois mandatos. Outros candidatos, como o ex-prefeito de Botucatu João Cury, também alcançaram votações superiores aos 20% do QE.

O MDB, que alcançou uma média de 24.390 votos por candidato, ainda contava em sua lista de concorrentes com nomes com a força eleitoral de João Cury Neto, Enrico Misasi e outros detentores de alto potencial eleitoral.

Conheça a seguir os eleitos:

ELEITOS PELO MDB	2014	2018	2022
Baleia Rossi	208.352	214.042	263.463
Delegado Palumbo	-	-	254.898
Fábio Teruel	-	-	235.165
Alberto Mourão	-	-	114.234
Simone Marqueto	-	-	97.730

Republicanos (Republicanos)

O partido Republicanos concorreu nas eleições de 2022 com 68 candidatos, em virtude de duas candidaturas terem sido indeferidas e ter havido uma renúncia. Com 1.584.276 votos válidos, elegeu quatro deputados pelo QP e um através do cálculo das médias. Seguem os cinco deputados federais eleitos pelo Republicanos:

ELEITOS PELO REPUBLICANOS	2014	2018	2022
Celso Russomanno	1.524.361	521.728	305.520
Marcos Pereira	-	139.165	231.626
Vinicius Carvalho	80.643	97.862	113.009
Milton Vieira	-	77.413	98.557
Maria Rosas	-	71.745	94.787

Além dos candidatos reeleitos apresentados no quadro acima, o Republicanos lançou uma lista de candidatos, todos dentro de uma faixa de votação superior aos 20% do quociente partidário.

Dessa lista, faziam parte os nomes de Ely Santos, Roberto Alves, Ricardo Izar e Roberto de Lucena.

O Republicanos alcançou uma média de 23.046 votos por candidato.

Federação PSDB Cidadania

Com 53 candidatos e pelo menos uma dúzia de candidatos já testados com sucesso nas urnas, a federação PSDB Cidadania alcançou 1.500.341 votos válidos e conseguiu reeleger quatro candidatos e eleger Paulo Alexandre Barbosa, que tinha sido prefeito de Santos, quando obteve 172.215 votos.

Sua lista de representantes paulistas na bancada federal ficou assim composta:

ELEITOS PELO PSDB/CIDADANIA	2014	2018	2022
Alex Manente	164.760	127.336	196.886
Paulo Alexandre Barbosa	-	-	170.378
Arnaldo Jardim	155.278	132.363	113.462
Vitor Lippi	176.153	120.529	106.661
Carlos Sampaio	295.623	125.666	98.102

Teve uma média de 26.992 votos por candidato, maior, portanto, que a do Republicanos, mas uma quantidade de candidatos menor, o que lhe impôs uma performance similar à de seu adversário. Entre os não eleitos, a Federação ainda tinha uma lista de concorrentes com muita força eleitoral que atingiram votações bem superiores aos 20% do QE, exigidos para assumir uma vaga. Entre eles, posso citar o professor Marco Antonio Villa, Eduardo Cury, José Serra, Vanderlei Macris, Samuel Moreira e Fred Machado.

Progressistas (PP)

O partido disputou as eleições com 66 candidatos e obteve 1.175.053 votos válidos, o que lhe permitiu reeleger um candidato e eleger mais três representantes estreantes na Câmara Federal. Veja o quadro:

ELEITOS PELO PP	2014	2018	2022
Delegado Bruno Lima	-	-	461.217
Delegado Da Cunha	-	-	181.568
Mauricio Neves	-	-	129.731
Fausto Pinato	22.097	118.684	72.169

O delegado Bruno Lima foi eleito deputado estadual em 2018 com uma votação de 103.123 votos nominais. Outro eleito em 2022 foi o delegado Da Cunha, que se tornou famoso pelos seus vídeos no YouTube. O partido alcançou uma média de 17.659 votos por candidato, e, entre seus candidatos não eleitos, ainda constava o coronel Telhada, que obteve 69.945 votos nominais, quantia superior a 20% do QE.

Partido Social Democrático (PSD)

Com 49 candidatos, o PSD conquistou 1.065.831 votos válidos, com os quais reelegeu três de seus candidatos pelo QP. Veja o quadro a seguir:

ELEITOS PELO PSD	2014	2018	2022
Marco Bertaiolli	-	137.628	157.552
Cezinha de Madureira	-	119.024	143.434
Ricardo Silva	98.870	61.037	133.936

O partido obteve a oitava melhor média de votos nominais por candidato do pleito: 21.513. E ainda teve entre os seus candidatos o ex-prefeito de Atibaia Saulo Pedroso, que alcançou 80.186 votos nominais, quantia que lhe permitiria assumir mais uma vaga pelo partido na Câmara. Mas o PSD pecou pelo seu pequeno número de candidatos.

Podemos (Pode)

Com 71 candidatos, o Pode alcançou 893.665 votos válidos, elegendo dois candidatos pelo QP e um pelo cálculo das médias. Veja o quadro a seguir:

ELEITOS PELO PODE	2014	2018	2022
Renata Abreu	86.647	161.239	180.247
Bruno Ganem	-	-	141.595
Rodrigo Gambale	-	-	108.209

Os candidatos Bruno Ganem e Rodrigo Gambale, que chegaram pela primeira vez à Câmara Federal em 2022, eram deputados estaduais por São Paulo, eleitos com, respectivamente, 106.203 e 86.981 votos nominais. O partido contou ainda, entre seus candidatos, com o professor HOC, que se elegeu deputado estadual em 2018, com 130.214 votos. Embora não tenha sido eleito, alcançou a expressiva votação de 98.720 votos em 2022.

O partido obteve uma média 12.493 votos por candidato.

Partido Socialista Brasileiro (PSB)

Com 67 candidatos, o PSB alcançou 753.016 votos válidos, que lhe trouxeram o direito de ocupar duas cadeiras na Câmara Federal pelo QP. Veja os nomes dos eleitos:

ELEITOS PELO PSB	2014	2018	2022
Tabata Amaral	-	264.450	337.873
Jonas Donizette	-	-	84.044

Jonas Donizette, embora não tenha disputado uma cadeira na Câmara Federal em 2014 e 2018, em 2010, se elegeu com uma votação de 162.144 votos nominais.

A média de votos nominais por candidato obtida pelo partido foi de 10.829.

Solidariedade (Solidariedade)

O SD entrou na disputa de 2022 com 54 candidatos e alcançou 392.022 votos válidos, o que lhe deu o direito de ocupar uma vaga na Câmara através do QP. Essa vaga foi preenchida através de uma reeleição. Veja:

DEPUTADO ELEITO PELO SD	2014	2018	2022
Marcelo Lima	-	53.933	110.430

A surpresa ficou por conta do ex-deputado Paulinho da Força, que se elegeu em 2006, 2010 e 2014, com uma votação média de 260 mil votos nominais, e, em 2022, com 64.137 votos nominais, não alcançou nem os 20% do QE necessários para ocupar uma cadeira na Câmara através do cálculo das sobras. O partido logrou uma média de 7.197 votos nominais por candidato.

Partido Novo (NOVO)

O NOVO entrou na disputa de 2022 com 60 candidatos e conquistou 361.268 votos válidos, o que lhe rendeu uma cadeira na Câmara por QP. Veja a seguir:

DEPUTADO ELEITO PELO NOVO	2014	2018	2022
Adriana Ventura	-	64.341	109.474

A média de votos nominais por candidato do NOVO foi de 4.986.

Completando a bancada paulista, mais dois partidos conseguiram atingir votações maiores do que os 80% do QE exigidos e se qualificaram para também participar da segunda fase dos cálculos. São eles o PSC e o PDT.

Partido Social Cristão (PSC)

O PSC, com 62 candidatos, alcançou 293.192 votos válidos e, com a décima maior média no cálculo das sobras, conseguiu preencher uma vaga, através de uma reeleição, conforme pode ser visto a seguir:

DEPUTADO ELEITO PELO PSC	2014	2018	2022
Gilberto Nascimento	120.044	91.797	95.077

O partido obteve uma média de 4.642 votos nominais por candidato.

Partido Democrático Trabalhista (PDT)

O PDT lançou 46 candidatos e conseguiu alcançar 285.898 votos válidos, quantidade superior a 80% do QE, e uma média de votos nominais por candidato de 5.386 nominais, e também uma média de votos maior do que a da Federação Brasil da Esperança. Mesmo assim, na 11ª fase dos cálculos das sobras, não conseguiu preencher a sua primeira vaga na Câmara Federal em 2022, em decorrência de não contar com nenhum candidato que atendesse a exigência dos 20% do QE em votos. Seu candidato mais votado teve 41.054 votos nominais.

AS ELEIÇÕES FEDERAIS EM MINAS GERAIS (MG)

Minas Gerais, dona do segundo maior colégio eleitoral do país, realizou a eleição de 2022 com 25 partidos políticos e as três federações partidárias existentes. As 53 vagas disponíveis para Minas Gerais na Câmara Federal foram disputadas por 1.017 candidatos. A legislação vigente permitia que esse número atingisse até 1.620 candidatos.

Apenas 95 candidatos, ou 9,18% do total, conseguiram alcançar o mínimo de 21.134 votos nominais, 10% do QE, exigidos para o candidato assumir uma vaga conquistada por seu partido na primeira fase dos cálculos de definição dos eleitos pelo QP, e, entre eles, somente 6,67%, ou 69 candidatos, alcançaram os 42.269 votos nominais correspondentes a 20% do QE, qualificando-se para assumir uma vaga conquistada através do cálculo das sobras.

Três federações partidárias e 11 partidos políticos individuais alcançaram o QE e se qualificaram para os cálculos do QP. Vamos a eles:

Partido Liberal (PL)

O PL conquistou 2.383.410 votos válidos e elegeu 11 deputados federais em 2022. Sete deles foram reeleitos. Dois dos outros quatro já haviam disputado com sucesso outros pleitos: Nikolas Ferreira, que ainda mantinha mandato na Câmara Municipal de BH, e Rosângela Reis, que se elegeu deputada estadual com 70.040 votos em 2018. Já no caso de Mauricio do Vôlei, embora não tivesse disputado nenhuma eleição anterior, a condição de esportista de sucesso lhe garantiu uma grande visibilidade entre o eleitorado. Veja o quadro a seguir:

ELEITOS PELO PL	2014	2018	2022
Nikolas Ferreira	-	-	1.492.074
Zé Vitor	-	32.833	152.748
Emidinho Madeira	-	103.533	119.101
Domingos Sávio	143.901	80.990	90.236
Mauricio do Vôlei	-	-	83.396
Eros Biondini	179.073	157.394	77.900
Samuel Viana	-	-	62.704
Junio Amaral	-	158.541	59.297
Lincoln Portela	98.834	105.731	42.328
Rosângela Reis	-	-	42.009
Marcelo Álvaro Antônio	60.384	230.008	31.025

O PL poderia ter elegido seu 12º deputado por Minas Gerais, pois tinha a maior média de votação na segunda fase dos cálculos, porém faltou-lhe um candidato com votação equivalente a

42.269 votos nominais para atender a legislação eleitoral vigente.

O partido obteve uma quantidade de votos de legenda superior a um de seus candidatos eleitos.

Com 42 candidatos disputando o pleito, o partido conseguiu atingir uma média 55.787 votos nominais por candidato.

Federação Brasil da Esperança (FE BRASIL)

A FE BRASIL, que recebeu a segunda maior votação nas eleições em Minas Gerais, também é um exemplo da facilidade que um suposto candidato teria na busca de um partido capaz de lhe dar suporte para sua intenção de se eleger.

Com 53 candidatos, a FE BRASIL conquistou 1.787.525 votos válidos e elegeu oito deputados federais por QP, de sua bancada formada por dez parlamentares. Veja o quadro a seguir:

ELEITOS PELA FE BRASIL	2014	2018	2022
Reginaldo Lopes	310.226	194.332	196.760
Rogério Correia	-	131.312	185.918
Paulo Guedes	-	176.841	134.494
Odair Cunha	201.782	87.891	129.146
Patrus Ananias	147.175	112.724	87.893
Dandara	-	-	86.034
Padre João	112.722	131.228	85.718
Miguel Ângelo	-	-	84.173
Leonardo Monteiro	115.336	68.686	81.008
Ana Pimentel	-	-	72.698

Dos três candidatos não reeleitos, duas candidatas, Dandara e Ana Pimentel, já participavam da política: a primeira através de militância estudantil, nos movimentos de igualdade racial e se elegendo vereadora de Uberlândia. Foi a parlamentar mais votada na ocasião. A segunda foi secretária de Saúde de Juiz de Fora.

A federação alcançou mais de 126 mil votos de legenda, a maior da eleição e suplantada pela votação de apenas quatro de seus candidatos.

Os partidos que compõem a federação traziam em sua lista mais quatro candidatos com votação superior aos 20% do QE. Sua média de votos nominais por candidato foi de 39.545.

Apenas 69 candidatos de uma lista composta por 1.017 nomes conseguiram alcançar os 20% do QE.

Avante (AVANTE)

O Avante entrou na disputa com 54 candidatos, com os quais conquistou 924.208 votos válidos, o que lhe permitiu ocupar quatro cadeiras por QP na bancada federal. Na fase do cálculo das sobras, conseguiu preencher sua quinta vaga.

De suas cinco vagas conquistadas, três se destinam a candidatos reeleitos. Entre os dois novatos estão Bruno Farias, que trabalhou na defesa da enfermagem como presidente do Conselho Regional de Enfermagem de Minas Gerais (Coren-MG), e a delegada Ione Barbosa, que já havia disputado a eleição à prefeitura de Juiz de Fora, com uma votação expressiva de 56.699 votos.

Veja o quadro:

ELEITOS PELO AVANTE	2014	2018	2022
André Janones	-	178.660	238.967
Greyce Elias	-	37.620	110.346
Luis Tibé	114.948	50.474	107.523
Bruno Farias	-	-	97.246
Delegada Ione Barbosa	-	-	52.630

A média de votos nominais por candidato alcançada pelo Avante foi de 21.905.

Partido Social Democrático (PSD)

Os 39 candidatos do PSD angariaram 766.629 votos válidos, com os quais reelegeram três deputados federais por QP e ainda mais um candidato de sua lista através dos cálculos das médias. Veja a lista dos eleitos:

ELEITOS PELO PSD	2014	2018	2022
Diego Andrade	114.240	105.803	170.181
Misael Varella	258.363	128.537	149.398
Stefano Aguiar	144.153	115.795	96.503
Luiz Fernando	117.542	-	68.550

Perceba que o deputado Luiz Fernando, embora não tenha disputado as eleições de 2018, já havia sido eleito em 2010, com 105.413 votos nominais, e em 2014, conforme mostrado no quadro anterior. O PSD, com um representante de peso nas eleições majoritárias, também foi favorecido com uma quantidade razoável de votos de legenda.

O partido atingiu uma média de 17.422 votos nominais por candidato.

União Brasil (União)

Com seus 53 candidatos, o União reuniu 669.076 votos válidos e elegeu três representantes por QP, sendo duas reeleições. Veja:

ELEITOS PELO UNIÃO	2014	2018	2022
Rafael Simões	-	-	144.924
Rodrigo de Castro	292.848	131.120	122.571
Delegado Marcelo Freitas	-	58.176	82.894

O primeiro candidato da lista, Rafael Simões, já foi prefeito de Pouso Alegre por dois mandatos.

O União alcançou uma média de 15.775 votos nominais por candidato e ainda tinha em sua lista dois candidatos que alcançaram votação superior a 20% do QE: Álvaro Damião, que já participou da eleição de 2018, como pode ser visto a seguir, e Cleusa Lara, que já foi assessora parlamentar e vice-prefeita de Betim.

CANDIDATO	2018	2022
Álvaro Damião	59.351	59.724

Progressistas (PP)

Com seus 53 candidatos, o PP conquistou 655.458 votos válidos e se habilitou a ocupar três vagas por QP na bancada federal. Seus representantes são:

ELEITOS PELO PP	2014	2018	2022
Pinheirinho	-	98.404	136.575
Dimas Fabiano	129.096	74.223	96.395
Ana Paula Junqueira Leão	-	-	77.990

A candidata Ana Paula disputou a eleição de 2018 e, mesmo com uma expressiva votação de 62.815 votos nominais, não se elegeu na ocasião.

Entre os não eleitos, o partido ainda possuía em sua lista de candidatos mais quatro concorrentes com experiência e força eleitoral. Veja a seguir:

CANDIDATOS	2014	2018	2022
Franco Cartafina	-	53.390	72.086
Mauro Lopes	129.795	58.243	69.034
Aelton Freitas	91.103	54.704	50.777
Charles Evangelista	-	51.626	46.230

A média de votos nominais por candidato foi de 15.191.

Patriota

O Patriota obteve 543.201 votos válidos e disputou a eleição com 51 candidatos. Preencheu três vagas, sendo duas por QP e uma no cálculo das sobras.

A bancada do Patriota de Minas Gerais ficou assim composta:

ELEITOS PELO PATRIOTA	2014	2018	2022
Fred Costa	-	87.446	158.453
Pedro Aihara	-	-	89.404
Dr. Frederico	-	60.950	84.771

Pedro Aihara, que se elegeu pela primeira vez, ganhou grande visibilidade como o porta-voz dos bombeiros durante o rompimento da barragem de Brumadinho.

O partido obteve uma média de 12.858 votos nominais por candidato.

Partido Democrático Trabalhista (PDT)

Com 425.633 votos válidos, o PDT elegeu dois representantes por QP. Concorreu às eleições com 42 candidatos. Veja o quadro:

ELEITOS PELO PDT	2014	2018	2022
Duda Salabert	-	-	208.332
Dr. Mário Heringer	90.738	89.046	68.717

Duda Salabert, que estreou com sucesso nas urnas, é uma professora de literatura, ambientalista e ativista de grande visibilidade que se notabilizou por se tornar a primeira pessoa transgênero a se candidatar ao Senado. Foi eleita vereadora de Belo Horizonte com uma expressiva votação.

O partido alcançou uma média de 9.651 votos nominais por candidato e tem entre seus suplentes o nome de Delio Pinheiro, que alcançou alta votação.

Movimento Democrático Brasileiro (MDB)

Com seus 44 candidatos e 403.038 votos válidos, o MDB elegeu um candidato por QP e outro na fase do cálculo das médias.

Veja como ficou sua bancada em Minas Gerais:

ELEITOS PELO MDB	2014	2018	2022
Hercílio Coelho Diniz	-	120.489	122.819
Newton Cardoso Jr.	128.489	69.900	103.056

Como pode ser visto, foram duas reeleições.

O MDB chegou a uma média de votos nominais por candidato de 9.389.

Um de seus candidatos, apesar de não eleito, obteve uma grande votação. Veja:

CANDIDATO	2014	2018	2022
Fábio Ramalho	83.567	63.149	77.604

Federação PSDB Cidadania

Com 52 candidatos e 392.483 votos válidos, a Federação PSDB Cidadania reelegeu um representante por QP e outro por média. Veja o quadro:

ELEITOS PELO PSDB CIDADANIA	2014	2018	2022
Paulo Abi-Ackel	104.849	79.797	105.383
Aécio Neves	-	106.702	85.341

O partido atingiu uma média de 9.075 votos nominais por candidato.

A seguir estão os dados de um dos não eleitos, mas com votação acima dos 20% do QE:

CANDIDATO	2014	2018	2022
Eduardo Barbosa	130.453	105.969	61.200

Republicanos (Republicanos)

Com 53 candidatos e 371.939 votos válidos, o Republicanos ocupou na Câmara Federal uma cadeira por QP e outra através do cálculo das médias. Veja o quadro a seguir:

ELEITOS PELO REPUBLICANOS	2014	2018	2022
Gilberto Abramo	-	162.092	123.370
Lafayette de Andrada	-	103.090	68.677

O partido obteve uma média de 8.750 votos nominais por candidato.

Podemos (Pode)

O Podemos disputou as eleições de 2022 com 52 candidatos e conquistou 338.977 votos válidos, o que lhe proporcionou o preenchimento de uma vaga por QP e outra através do cálculo das médias. Sua bancada ficou assim composta:

ELEITOS PELO PODEMOS	2014	2018	2022
Igor Timo	-	60.509	74.465
Nely Aquino	-	-	66.866

Nely Aquino, que conquistou seu primeiro mandato, era presidente da Câmara Municipal de Belo Horizonte.

O partido atingiu uma média de 8.019 votos nominais por candidato.

Federação PSOL REDE

Com 50 candidatos, a Federação PSOL REDE de Minas Gerais, com os seus 312.260 votos válidos, elegeu a sua única representante na Câmara Federal por QP. Veja o quadro a seguir:

ELEITO PELO PSOL REDE	2014	2018	2022
Célia Xakriabá	-	-	101.154

Célia Xakriabá conquistou um mestrado em Desenvolvimento Sustentável na Universidade de Brasília (UnB). Foi a primeira mulher indígena a fazer parte da equipe do órgão central da Secretaria de Estado de Educação de Minas Gerais. Conquistou grande notoriedade através de sua luta pela causa indígena.

Uma das candidatas do PSOL, Iza Lourenço obteve a expressiva votação de 51.304 votos nominais, a sexagésima segunda mais votada num universo de 1.017 candidatos, o que a habilitou a assumir um mandato, caso o seu partido conquistasse mais uma vaga. Através de uma pesquisa rápida, de pouquíssimos minutos, como fiz em todos os outros casos apresentados aqui, não percebi o que lhe trouxe essa magnífica votação.

A média de votos nominais por candidato alcançada pelo partido foi de 7.177.

Partido Social Cristão (PSC)

Com 44 candidatos e uma votação de 258.888 votos válidos, o PSC obteve a sua vaga por QP. Veja a seguir:

ELEITO PELO PSC	2014	2018	2022
Euclydes Pettersen	42.525	65.316	101.892

O PSC atingiu uma média de 5.928 votos nominais por candidato.

Partido Republicano da Ordem Social (PROS)

Com seus 49 candidatos, o PROS alcançou 185.985 votos válidos, quantidade superior a 20% do QE, o que lhe habilitou a disputar uma vaga na fase do cálculo das médias. Com a quinta maior média de votos válidos, e com um candidato com votação superior a 20% do QE, como exige a legislação, conquistou a sua única cadeira na bancada federal. Veja o quadro a seguir:

ELEITO PELO PROS	2014	2018	2022
Weliton Prado	186.098	129.199	126.214

A sua média de votos nominais por candidato foi 4.402.

Partido Novo (NOVO)

Com 30 candidatos e uma votação de 185.099 votos válidos, quantidade acima dos 80% do QE exigidos para disputar uma vaga na fase dos cálculos das médias, o NOVO, embora contasse com a sétima maior média de votos válidos, não possuía um candidato com um mínimo de 20% do QE. Faltaram apenas 436 votos.

O NOVO atingiu 3.790 votos nominais por candidato.

Solidariedade (Solidariedade)

Com 36 candidatos, o Solidariedade reuniu 181.577 votos válidos, quantidade superior aos 80% do QE, e se qualificou para ocupar uma cadeira na bancada mineira da Câmara Federal.

Veja o quadro a seguir:

ELEITO PELO SOLIDARIEDADE	2014	2018	2022
Zé Silva	109.925	109.335	86.042

Sua média de votos nominais por candidato foi de 4.261.

AS ELEIÇÕES FEDERAIS NO RIO DE JANEIRO (RJ)

Com o envolvimento das três federações partidárias e mais 23 partidos individuais, o Rio de Janeiro realizou as suas eleições proporcionais de 2022 com a apuração de 8.575.988 votos válidos, o que proporcionou um QE de 186.435 votos válidos, alcançados por apenas duas federações e 11 partidos. Mais um partido e a terceira federação partidária alcançaram os 80% do QE que lhes permitiram participar dos cálculos das médias.

Vamos aos resultados:

Partido Liberal (PL)

O PL concorreu com 46 candidatos e alcançou 1.717.302 votos válidos, que lhe deram o direito de ocupar onze vagas na Câmara, nove por QP e duas através dos cálculos de médias. Veja a composição de sua bancada:

ELEITOS PELO PL	2014	2018	2022
General Pazuello	-	-	205.324
Altineu Cortes	40.593	-	167.512
Helio Fernando Barbosa Lopes	-	345.234	132.986
Soraya Santos	48.204	48.328	130.379
Carlos Jordy	-	204.048	114.587
Roberto Monteiro Pai	-	-	94.221
Luciano Vieira	-	-	84.942
Luiz Lima	-	115.119	69.088
Sóstenes Cavalcante	104.697	94.203	65.443
Delegado Ramagem	-	-	59.170
Chris Tonietto	-	38.525	52.583

Dentre os novatos na Câmara Federal, temos a figura do general Pazuello, que ganhou grande notoriedade no governo Bolsonaro. Há ainda Luciano Vieira, que se elegeu vereador no Rio de Janeiro com 24.070 votos nominais, Roberto Monteiro, pastor da igreja Assembleia de Deus, e o delegado Ramagem, que ganhou grande visibilidade no governo de Jair Bolsonaro e foi diretor-geral da Agência Brasileira de Inteligência (Abin).

União Brasil (União)

Participou com 47 candidatos e conquistou 967.553 votos válidos, que lhe proporcionaram cinco vagas por QP e mais uma na fase do cálculo das sobras. Seus representantes eleitos são:

ELEITOS PELO UNIÃO	2014	2018	2022
Daniela do Waguinho	-	136.286	213.706
Chiquinho Brazão	-	25.817	77.367
Dani Cunha	-	-	75.810
Juninho do Pneu	-	45.087	70.660
Murillo Gouvea	-	-	49.921
Marcelo RR Soares	44.440	44.262	43.533

Dani Cunha, que conseguiu seu primeiro mandato, é filha do ex-presidente da Câmara Eduardo Cunha.

Federação Brasil da Esperança (FE BRASIL)

Com 45 candidatos e 889.560 votos válidos, a FE BRASIL se qualificou para quatro vagas por QP e outras duas através dos cálculos das médias. Veja seus representantes:

ELEITOS PELA FE BRASIL	2014	2018	2022
Lindbergh Farias	-	-	152.219
Benedita da Silva	-	-	113.831
Washington Quaquá	-	-	113.282
Jandira Feghali	68.531	71.646	84.054
Dimas Gadelha	-	-	41.238
Reimont	-	-	39.325

A despeito de somente a candidata Jandira Feghali aparecer com votações indicando as suas participações em eleições anteriores, alguns candidatos já enfrentaram desafios eleitorais expressivos. Reimont foi vereador no Rio de Janeiro por quatro mandatos e já foi candidato a prefeito de São Gonçalo, obtendo então uma expressiva votação de 183.811 votos nominais.

Federação PSOL REDE

A federação lançou 30 candidatos em 2022 e auferiu 738.331, com os quais garantiu três cadeiras por QP e duas por cálculo das médias. Seus representantes eleitos foram:

ELEITOS PELO PSOL REDE	2014	2018	2022
Talíria Petrone	-	107.317	198.548
Tarcísio Motta	-	-	159.928
Chico Alencar	195.964	-	115.023
Glauber Braga	82.236	40.199	78.048
Pastor Henrique Vieira	-	-	53.933

Tarcísio Motta já foi vereador do Rio de Janeiro por duas vezes, conquistando votações em torno de 90 mil votos nominais. O pastor Henrique Vieira já foi vereador em Niterói.

Partido Social Democrático (PSD)

O PSD entrou na disputa com 47 candidatos e obteve 689.255 votos válidos, que lhe garantiram suas três vagas por QP e uma pelo cálculo das médias. Sua bancada carioca ficou assim:

ELEITOS PELO PSD	2014	2018	2022
Daniel Soranz	-	-	98.784
Pedro Paulo	162.403	56.646	76.828
Hugo Leal	85.449	63.561	50.067
Laura Carneiro	34.550	40.212	48.073

O único que não disputou vaga na bancada federal anteriormente, Daniel Soranz, exerceu o cargo de secretário municipal da Saúde do Rio de Janeiro durante a pandemia da covid-19, o que lhe rendeu grande visibilidade pública.

Progressistas (PP)

O Progressistas se apresentou com 46 candidatos e obteve 569.050 votos válidos, que lhe trouxeram três cadeiras na bancada federal por QP.

O único que não disputou uma vaga federal anteriormente, Marcelo Queiroz, foi vereador do Rio de Janeiro e ocupou várias pastas como secretário de estado. Veja o quadro a seguir:

ELEITOS PELO PP	2014	2018	2022
Doutor Luizinho	-	103.745	190.071
Marcelo Queiroz	-	-	73.728
Julio Lopes	96.796	40.831	50.019

Republicanos (Republicanos)

Os Republicanos, com 46 candidatos e 494.330 votos válidos, ocupou duas vagas por QE e uma na fase do cálculo das sobras. Veja seus representantes:

ELEITOS PELO REPUBLICANOS	2014	2018	2022
Marcelo Crivella	-	-	110.450
Rosangela Gomes	101.686	63.952	76.292
Jorge Braz	-	58.113	59.201

Marcelo Crivella, dono de uma grande visibilidade, foi senador da República, ministro da Pesca e Aquicultura e prefeito do Rio de Janeiro, antes de disputar uma vaga na Câmara Federal.

Movimento Democrático Brasileiro (MDB)

Com 46 candidatos e 414.506 votos válidos, o MDB reelegeu dois candidatos por QP.

Veja:

ELEITOS PELO MDB	2014	2018	2022
Otoni de Paula	17.813	120.498	158.507
Gutemberg Reis	-	54.573	133.612

Podemos (Pode)

O Podemos disputou o seu direito de ocupar uma cadeira na Câmara com 47 candidatos, com os quais conquistou os seus 267.667 votos válidos, que lhe garantiram uma cadeira por QP, na bancada carioca da Câmara Federal.

Veja:

ELEITO PELO PODEMOS	2014	2018	2022
Sargento Portugal	-	-	33.368

Partido Republicano da Ordem Social (PROS)

O PROS obteve 243.889 votos válidos e concorreu com 42 candidatos, que lhe trouxeram o direito de ocupar uma das vagas do Rio de Janeiro na bancada federal.

Veja o quadro a seguir:

ELEITO PELO PROS	2014	2018	2022
Max	-	-	89.507

Embora não tenha disputado vaga na Câmara Federal anteriormente, o candidato Max foi prefeito de Queimados por duas vezes, secretário de Infraestrutura e Obras do Rio de Janeiro e deputado estadual com 59.672 votos nominais.

Partido Democrático Trabalhista (PDT)

Com 44 candidatos e 232.718 votos válidos, o PDT conquistou uma vaga por QP na Câmara Federal.
Veja a seguir:

ELEITO PELO PDT	2014	2018	2022
Marcos Tavares	-	-	62.086

Marcos Tavares foi vereador por três mandatos em Duque de Caxias e em 2018 concorreu a uma vaga na Câmara e obteve 26.361 votos nominais.

Solidariedade (Solidariedade)

O Solidariedade disputou as eleições com 47 candidatos, conquistou 214.441 votos válidos e uma vaga por QP. Veja:

ELEITO PELO SOLIDARIEDADE	2014	2018	2022
Aureo Ribeiro	58.117	68.414	103.321

Partido Socialista Brasileiro (PSB)

O PSB, com 36 candidatos e 214.135 votos válidos, elegeu um representante por QP. Veja:

ELEITO PELO PSB	2014	2018	2022
Bandeira de Mello	-	-	72.725

Bandeira de Mello é um dirigente esportivo, foi membro do Conselho de Administração do Flamengo entre 2007 e 2009 e foi candidato a deputado federal em 2018, obtendo uma votação de 38.500 votos nominais.

Partido Trabalhista Brasileiro (PTB)

O PTB disputou as eleições com 47 candidatos e obteve 177.247 votos válidos, quantidade superior aos 80% do QE exigidos por lei, o que lhe trouxe uma vaga pelo cálculo das sobras.

Veja o quadro a seguir:

ELEITO PELO PTB	2014	2018	2022
Bebeto	-	-	41.075

O deputado federal eleito, que disputou sua primeira eleição para a Câmara, anteriormente foi vereador em São João do Meriti por seis mandatos consecutivos.

Federação PSDB Cidadania

Com 47 candidatos, a federação PSDB Cidadania ultrapassou os 80% dos votos válidos exigidos por lei, mas não conseguiu cumprir a regra 80/20 na sua totalidade, pois nenhum de seus candidatos alcançou uma votação equivalente aos 20% do QE e, portanto, não ocupou, pelo Rio de Janeiro, nenhuma vaga na Câmara Federal.

AS ELEIÇÕES FEDERAIS NA BAHIA (BA)

Os 7.958.431 votos válidos apurados nas eleições proporcionais da Bahia foram divididos entre os 24 partidos individuais e três federações partidárias que os disputaram.

Oito partidos políticos e duas federações partidárias conseguiram alcançar os 204.088 votos válidos referentes ao QE calculado para preencher as 39 vagas disponíveis para o estado na bancada federal. Apenas mais dois partidos, PSB e Podemos, conseguiram votação igual ou superior aos 80% do QE (163.270 votos válidos), quantidade mínima necessária para um partido ou federação partidária participar da segunda fase do cálculo (sobras).

A quantidade mínima (10% do QE) para o candidato assumir uma vaga por QP foi de 20.409 votos nominais. Já os 20% do QE, quantidade suficiente para o candidato assumir uma vaga proveniente do cálculo das sobras, foi de 40.819 votos nominais.

A bancada baiana ficou composta da seguinte forma:

Federação Brasil da Esperança (FE BRASIL)

Com 32 candidatos e 1.761.003 votos válidos, a FE BRASIL conquistou oito cadeiras por QP e duas através do cálculo das médias. Veja a composição:

ELEITO PELO FE BRASIL	2014	2018	2022
Jorge Solla	125.159	135.657	128.968
Zé Neto	-	129.196	128.439
Daniel	135.382	114.213	125.374
Alice Portugal	72.682	126.595	124.358
Afonso Florence	82.661	130.548	118.021
Waldenor Pereira	114.965	121.278	113.110
Bacelar	95.158	149.274	110.787
Ivoneide Caetano	-	-	105.885
Joseildo Ramos	-	73.934	104.228
Valmir Assunção	123.284	118.313	90.148

A candidata Ivoneide Caetano, que disputou pela primeira vez uma vaga federal, tinha disputado a prefeitura de Camaçari em 2020 e obteve 52.569 votos nominais. Seu marido foi prefeito da cidade por três mandatos, deputado estadual e federal.

A FE BRASIL, com um forte candidato majoritário na Bahia, alcançou uma significativa vantagem nos votos de legenda.

Partido Social Democrático (PSD)

Com apenas treze candidaturas (uma foi indeferida), o PSD alcançou 1.141.474 votos válidos e ocupou cinco vagas por QP e mais uma por cálculo das sobras.

Suas seis vagas ficaram assim distribuídas:

ELEITOS PELO PSD	2014	2018	2022
Otto Filho	-	185.428	200.909
Diego Coronel	-	-	171.684
Antonio Brito	159.840	127.716	165.386
Gabriel Nunes	-	-	138.448
Sérgio Brito	83.658	105.427	116.960
Paulo Magalhães	77.045	69.164	107.093

Diego Coronel se elegeu deputado estadual em 2018, com a expressiva votação de 100.2740 votos nominais.

Gabriel Nunes, embora tenha disputado sua primeira eleição em 2022, é filho do ex-deputado José Nunes Soares e de Fátima Nunes, ex-prefeita de Euclides da Cunha.

O partido poderia ter lançado quarenta candidatos e não somente os treze com os quais concorreu. Isso poderia ter levado à conquista de mais uma vaga, pois na sua lista de candidatos ele contava com Charles Fernandes, que obteve uma expressiva votação (veja a seguir) e poderia ser reeleito e ter preenchido a sétima vaga para o partido. Faltaram apenas 13.033 votos, que talvez pudessem ser conquistados por mais 27 possíveis candidatos.

CANDIDATO (SUPLENTE)	2018	2022
Charles Fernandes	74.116	99.815

União Brasil (União)

Com 34 candidatos e 1.075.013 votos válidos, o União conquistou cinco vagas por QP e uma através das médias. A sua bancada ficou assim distribuída:

ELEITO PELO UNIÃO	2014	2018	2022
Elmar Nascimento	88.334	103.823	175.439
Deputado Dal	-	-	140.435
Paulo Azi	110.662	84.090	137.383
Arthur Maia	95.698	88.908	108.672
Leur Lomanto Jr.	-	82.110	82.004
José Rocha	101.663	84.016	78.833

O deputado Dal se elegeu para a Assembleia Legislativa da Bahia com 74.671 votos nominais.

O União trazia em sua lista de candidatos mais três concorrentes que conseguiram suplantar 20% do QE em quantidade de votos.

Progressistas (PP)

Com 38 candidatos, o PP somou 776.833 votos nominais, preenchendo três vagas por QP e mais uma pelo cálculo das sobras. Sua bancada baiana ficou assim composta:

ELEITOS PELO PP	2014	2018	2022
Neto Carletto	-	-	164.655
Cláudio Cajado	89.118	104.322	154.098
Mário Negromonte Jr.	169.215	102.512	147.711
João Leão	-	-	102.376

Neto Carletto é filho do ex-deputado federal Ronaldo Carletto. João Leão já conquistou vários mandatos de deputado federal anteriores a 2014. Veja:

CANDIDATO (ELEITO)	2002	2006	2010
João Leão	97.448	103.222	203.604

O PP elegeu todos os seus candidatos com votações superiores aos 20% do QE.

Partido Liberal (PL)

O PL entrou na disputa com 37 candidatos e contabilizou 620.140 votos válidos, que lhe deram o direito de ocupar três vagas por QP na bancada federal. Segue sua constituição:

ELEITOS PELO PL	2014	2018	2022
Roberta Roma	-	-	160.731
Capitão Alden	-	-	95.151
João Carlos Bacelar	111.643	84.684	90.229

Dentre os candidatos eleitos pela primeira vez, temos:
- Roberta Roma, esposa de João Roma, que, entre muitos cargos na política, foi deputado federal e ministro da Cidadania no governo Bolsonaro.
- Capitão Alden, policial militar com grande visibilidade nas mídias e seguidores nas redes sociais.

Republicanos (Republicanos)

O partido conseguiu lançar o número total de quarenta candidatos permitidos por lei (número de vagas disponíveis mais um) e alcançou 533.293 votos válidos, o que lhe permitiu ocupar duas vagas por QP e uma na fase do cálculo da sobra. Veja seus representantes da Bahia:

ELEITOS PELO REPUBLICANOS	2014	2018	2022
Márcio Marinho	117.470	95.204	118.904
Alex Santana	-	62.922	106.940
Rogéria Santos	-	-	82.012

Rogéria Santos, além de missionária da Igreja Universal, foi vereadora de Salvador e secretária municipal de Políticas para Mulheres, Infância e Juventude entre 2019 e 2020.

Além dos três deputados eleitos, entre os seus candidatos, o partido ainda tinha Marcelo Nilo, que obteve a expressiva votação de 65.636 votos nominais, uma quantidade maior do que 20% do QE.

Partido Democrático Trabalhista (PDT)

O PDT concorreu com 39 candidatos e alcançou um total de 396.887 votos válidos, que lhe possibilitaram assumir uma cadeira por QP e outra pelo cálculo das sobras, na Câmara Federal. Veja seus representantes baianos:

ELEITOS PELO PDT	2014	2018	2022
Léo Prates	-	-	143.763
Félix Mendonça	130.583	91.913	71.774

Léo Prates foi vereador em Salvador por duas vezes, presidente da Câmara, deputado estadual eleito com 55.018 votos nominais, além de secretário municipal de Salvador, ocupando as pastas de Promoção Social e Combate à Pobreza e da Saúde.

Movimento Democrático Brasileiro (MDB)

Com 39 candidatos e 289.982 votos válidos, o MDB preencheu uma vaga da bancada baiana através do QP.

ELEITO PELO MDB	2014	2018	2022
Ricardo Maia	-	-	136.834

Ricardo Maia foi vereador e, por duas vezes, prefeito de Ribeira do Pombal.

O MDB ainda trouxe em sua lista o candidato Uldurico Junior, que conquistou 69.087 votos nominais.

Avante (AVANTE)

Com 26 candidatos e 276.488 votos válidos, o Avante contabilizou uma cadeira por QP. Veja:

ELEITO PELO AVANTE	2014	2018	2022
Pastor Sargento Isidório	-	323.264	77.164

O Avante ainda possuía em sua lista mais dois candidatos com votação superior a 20% do QE.

Federação PSDB Cidadania

A federação lançou 29 candidatos, com os quais conquistou 274.059 votos válidos, que lhe renderam uma vaga por QP na bancada federal. Veja os dados do representante:

ELEITO PELO PSDB CIDADANIA	2014	2018	2022
Adolfo Viana	-	102.603	123.199

Outra candidata da federação PSDB Cidadania, Cris Correia, também atingiu uma votação superior aos 20% do QE, 43.262 votos nominais.

Partido Socialista Brasileiro (PSB)

O PSB, com 194.702 votos válidos, conseguiu superar os 80% do QE exigidos para participar na fase do cálculo das sobras.

Lídice da Mata, única candidata, entre um total de 30, ultrapassou os 20% do QE e ocupou uma vaga pelo PSB baiano na Câmara Federal. Veja seus dados:

ELEITO PELO PSB	2014	2018	2022
Lídice da Mata	-	104.348	112.385

Podemos (Pode)

O Podemos, com 39 candidatos e uma votação de 176.466 votos válidos, quantia superior a 80% do QE, conquistou sua única vaga no parlamento federal pelo cálculo das sobras. Veja:

ELEITO PELO PODEMOS	2014	2018	2022
Raimundo Costa	-	38.829	53.486

AS ELEIÇÕES FEDERAIS NO RIO GRANDE DO SUL (RS)

Três federações partidárias e 23 partidos isolados concorreram às eleições proporcionais do Rio Grande do Sul em 2022. Dentre eles, duas federações partidárias e dez partidos conseguiram superar os números do QE e eleger candidatos através dos cálculos do QP. O PSB conseguiu alcançar uma votação que o habilitou à segunda fase dos cálculos e também compôs a bancada riograndense. Com 6.160.645 votos válidos, 31 cadeiras disponíveis na Câmara Federal e um quociente eleitoral de 198.730 votos válidos, foi exigida uma votação igual ou superior a 19.873 votos nominais (10% do QE) para ocupar uma vaga na bancada federal por QP e 39.746 votos nominais (20% do QE) para participar na fase do cálculo das sobras.

As federações partidárias e os partidos que conseguiram atingir números para ocupar as cadeiras disponíveis na Câmara Federal foram:

Federação Brasil da Esperança (FE BRASIL)

Com 31 candidatos, 1.168.128 votos válidos, a FE BRASIL alcançou um QP de cinco e completou a sua bancada elegendo mais dois deputados através do cálculo das sobras.

Embora não tenha havido uma quantidade expressiva de votos de legenda, que não chegou a 200 mil, o PL e a FE BRASIL atingiram quase 90% dessa parcela.

A composição dos eleitos ficou assim formada:

ELEITO PELA FE BRASIL	2014	2018	2022
Paulo Pimenta	140.868	133.086	233.109
Maria do Rosário	127.919	97.303	151.050
Bohn Gass	100.841	102.964	131.881
Marcon	116.178	122.838	129.352
Alexandre Lindenmeyer	-	-	93.768
Daiana Santos	-	-	88.107
Denise Pessôa	-	-	44.241

Daiana Santos se elegeu vereadora em Porto Alegre em 2020 e ganhou como a primeira vereadora assumidamente lésbica do município.

Alexandre Lindenmeyer foi prefeito do município de Rio Grande por dois mandatos e deputado estadual.

Denise Pessôa foi vereadora e presidente da Câmara de Vereadores de Caxias do Sul, presidiu a Frente Parlamentar pelo Fim da Violência e a Comissão de Legislação Participativa Comunitária, além de ter sido procuradora especial da Mulher.

A FE BRASIL conseguiu eleger todos os seus candidatos com votação suficiente para assumirem as vagas conquistadas.

Partido Liberal (PL)

O Partido Liberal elegeu três candidatos por QP e mais um pelo cálculo das sobras. Para tanto, conquistou 680.192 votos válidos com seus 31 candidatos. O PL, com exceção do indeferimento de uma de suas candidaturas, também elegeu todos os seus candidatos com votação suficiente para assumirem as vagas conquistadas. Com pode ser visto a seguir, foram quatro reeleições:

ELEITOS PELO PL	2014	2018	2022
Giovani Cherini	115.294	151.719	126.036
Sanderson	-	88.559	86.690
Marcelo Moraes	-	69.940	84.247
Bibo Nunes	18.666	91.664	76.521

Movimento Democrático Brasileiro (MDB)

Com 586.325 votos válidos, o MDB conquistou duas vagas por QP e uma outra pelo cálculo de sobras.

Dos seus 24 candidatos, apenas três foram eleitos, ou melhor, reeleitos. Embora o partido ainda contasse com mais dois candidatos com grande potencial de votos em sua lista, sua votação total não permitiu elegê-los.

A legislação eleitoral em vigor lhe permitia concorrer com 32 candidatos. Seriam necessários em torno de 14 mil votos para eleger mais um. Quem sabe com mais oito candidatos pudesse conseguir o feito.

Seguem os três reeleitos:

ELEITOS PELO MDB	2014	2018	2022
Alceu Moreira	152.421	100.341	125.647
Osmar Terra	120.755	86.305	103.245
Márcio Biolchi	119.190	100.362	99.627

Em seguida, você pode ver os dois candidatos, não eleitos, mas donos de grande experiência política e votações excepcionais:

CANDIDATO	2014	2018	2022
Giovani Feltes	151.406	93.088	91.887
Marco Alba	-	-	68.245

Apenas dezoito candidatos, de uma lista de 512 concorrentes, alcançaram votação superior à de Giovani Feltes. Já a votação de Marco Alba foi suplantada por apenas 34 candidatos. Três se elegeram com votação inferior à deles.

Republicanos (Republicanos)

Com 549.530 votos válidos e com o número completo de candidatos, 32, o Republicanos elegeu dois candidatos por QP e um no cálculo das médias. Elegeu todos seus candidatos com votação compatível com a exigida para exercer o mandato. Os eleitos foram:

ELEITOS PELO REPUBLICANOS	2014	2018	2022
Tenente-coronel Zucco	-	-	259.023
Carlos Gomes	92.323	103.373	102.363
Franciane Bayer	-	-	40.555

O tenente-coronel Zucco foi o candidato a deputado estadual mais votado nas eleições de 2018, com 166.747 votos nominais.

Franciane Bayer se elegeu deputada estadual em 2018, com 40.317 votos nominais.

Progressistas (PP)

Com 522.295 votos válidos e com uma lista de 27 candidatos, o PP preencheu duas vagas por QP e uma no cálculo das sobras. Suas três vagas foram preenchidas através da reeleição de candidatos. Veja:

ELEITOS PELO PP	2014	2018	2022
Pedro Westphalen	-	97.163	114.258
Covatti Filho	115.131	102.063	112.910
Afonso Hamm	132.202	100.018	109.123

O PP não atingiu a quantidade de votos válidos para eleger o quarto deputado. Sérgio Turra, embora não eleito, foi classificado na 24ª posição numa lista com 512 concorrentes e 31 vagas.

CANDIDATO	2014	2018	2022
Sérgio Turra	-	-	87.355

Sérgio Turra foi reeleito deputado estadual em 2018 com 52.668 votos nominais.

Federação PSDB Cidadania

Com 31 candidatos, a federação formada por PSDB e Cidadania atingiu 480.995 votos válidos, que a habilitaram a ocupar duas vagas por QP e uma através do cálculo das sobras.

Dos votos válidos, 465.317 se referem a votos nominais, com os quais apenas quatro de seus candidatos conseguiram 337.939 votos nominais, ou seja, 81,2% dos votos nominais.

Veja a composição de sua bancada:

ELEITOS PELO PSDB CIDADANIA	2014	2018	2022
Lucas Redecker	-	114.346	119.069
Any Ortiz	-	-	119.039
Daniel Trzeciak "Daniel da TV"	-	74.789	77.232

Any Ortiz foi reeleita deputada estadual em 2018, com 94.904 votos nominais.

Um dos quatro candidatos mais votados da federação, Nelson Marchezan Júnior (PSDB), com uma votação maior do que a de outros três eleitos, não conseguiu preencher uma das vagas disponíveis.

Essa situação nos remete a uma importante reflexão: "Seria possível prever a possibilidade de acontecer isso?".

Bom, nada é 100% garantido, mas o candidato já trazia em seu currículo participação com sucesso em outras eleições. Vejam:

CANDIDATO	2014	2018	2022
Nelson Marchezan Júnior	92.394	119.375	62.599

Os outros 27 candidatos somaram 87.378 votos nominais, o que também poderia ser perceptível através de uma análise cuidadosa das possibilidades da sigla.

Falar depois do "leite derramado" realmente é fácil, mas o que eu defendo é que o candidato use todas as ferramentas disponíveis para garantir as suas reais chances de sucesso no pleito.

Partido Democrático Trabalhista (PDT)

Com 28 candidatos e 321.317 votos válidos, o PDT elegeu dois deputados, um pelo QP e outro pelo cálculo das médias. Tal qual a sigla anterior, o partido também tinha uma candidata com expressiva votação, que terminou na 34ª colocação, na frente de três outros eleitos, mas não se elegeu. Os outros 25 candidatos alcançaram 62.620 votos nominais, uma média de 2.505 votos nominais.

Segue sua bancada riograndense:

ELEITOS PELO PDT	2014	2018	2022
Pompeo de Mattos	91.849	80.427	100.113
Afonso Motta	90.917	65.712	70.307

Podemos (Pode)

Com 28 candidatos e 318.850 votos válidos, o partido elegeu um candidato pelo QP.

O partido ocupou, pelo Rio Grande do Sul, uma vaga na Câmara Federal:

ELEITO PELO PODE	2014	2018	2022
Maurício Marcon	-	-	140.634

Mauricio Marcon foi o candidato mais votado quando concorreu à Câmara de Vereadores de Caxias do Sul, em 2020. Tem grande visibilidade nas redes sociais, com mais de 450 mil seguidores no Facebook.

O partido também contava com um segundo concorrente com grande força eleitoral. Veja as conquistas do candidato:

CANDIDATO	2010	2018	2022
Mauricio Dziedricki	66.701	83.617	74.310

Os outros 26 candidatos alcançaram uma média de apenas 3.907 votos nominais.

A votação do candidato superou a de 480 outros concorrentes.

Federação PSOL REDE

Com 32 partidos, número máximo permitido, 303.180 votos válidos, a federação elegeu um deputado de sua lista por QP.
Veja:

ELEITO PELO PSOL REDE	2014	2018	2022
Fernanda Melchiona	-	114.302	199.894

A excepcional votação da própria candidata eleita superou o QE.

Partido Novo (NOVO)

Com apenas seis candidatos e 295.450 votos válidos, dos quais 256.913 votos nominais foram conquistados por um único candidato, o NOVO ocupou uma das 31 cadeiras da bancada riograndense na Câmara.
Veja os dados do candidato:

ELEITO PELO NOVO	2014	2018	2022
Marcel Van Hattem	-	349.855	256.913

Partido Social Democrático (PSD)

Com 28 candidatos e 295.357 votos válidos, o PSD conquistou uma vaga por QP. Veja:

ELEITO PELO PSD	2014	2018	2022
Danrlei de Deus Goleiro	158.973	102.662	97.824

O partido não elegeu o candidato Luciano Azevedo, com larga participação na política, que se reelegeu deputado estadual pelo Rio Grande do Sul com 59.466 votos nominais. Em 2016, foi reeleito prefeito de Passo Fundo com 85.505 votos nominais. Portanto, não é de se estranhar que tenha alcançado a votação abaixo:

CANDIDATO	2022
Luciano Azevedo	77.249

União Brasil (União)

Com 28 candidatos, o União Brasil conquistou 215.367 votos válidos e uma vaga por QP.

Veja a votação do candidato eleito:

ELEITO PELO UNIÃO	2014	2018	2022
Busato	130.807	–	57.610

Partido Socialista Brasileiro (PSB)

Com 193.200 votos válidos, quantia superior a 80% do QE, exigência para disputar uma vaga na fase das médias, o PSB se habilitou a ocupar uma cadeira na bancada federal. O partido disputou o pleito com 23 candidatos e obteve uma média de 8.276 votos por candidato.

ELEITO PELO PSB	2014	2018	2022
Heitor Schuch	101.243	109.053	77.616

AS ELEIÇÕES FEDERAIS NO PARANÁ (PR)

Três federações partidárias e 23 partidos isolados concorreram às eleições proporcionais no Paraná em 2022; entre eles, uma federação partidária e oito partidos conseguiram superar os números do QE e eleger candidatos através dos cálculos do QP, porém, embora o Podemos tenha obtido duas vagas pelo QP, somente um de seus candidatos alcançou votação superior a 10% do QE, que o habilitou a assumir a vaga. O PSB e a Federação PSDB Cidadania conseguiram alcançar votações que os habilitaram a participar da segunda fase dos cálculos. Cada um deles conquistou uma vaga. Com 6.048.873 votos válidos, trinta cadeiras disponíveis na Câmara Federal e um quociente eleitoral de 201.629 votos válidos, foi exigida uma votação igual ou superior a 20.163 votos nominais (10% do QE) para ocupar uma vaga na bancada federal por QP e 40.326 votos nominais (20% do QE) para participar na fase do cálculo das sobras.

As federações partidárias e os partidos que conseguiram atingir números para ocupar as cadeiras disponíveis na Câmara Federal foram:

Partido Social Democrático (PSD)

Com 1.051.984 votos válidos e 29 candidatos, o PSD elegeu cinco representantes por QP e mais dois na fase dos cálculos das sobras. De suas sete vagas preenchidas, cinco foram através de reeleição de seus deputados e duas foram conquistadas na primeira tentativa de seus candidatos.

Veja a composição de sua bancada paranaense:

ELEITOS PELO PSD	2014	2018	2022
Beto Preto	-	-	206.898
Sandro Alex	116.909	124.512	168.157
Sargento Fahur	50.608	314.963	161.500
Paulo Litro	-	-	82.707
Leandre	81.181	123.958	80.359
Luísa Canziani	-	90.249	74.643
Luiz Nishimori	106.852	73.344	73.202

Dos dois candidatos que não foram reeleitos e disputaram uma vaga na Câmara Federal pela primeira vez, Beto Preto foi duas vezes prefeito de Apucarana, com uma votação de 60.001 votos em 2016, e ocupou o cargo de secretário estadual da Saúde do Paraná, em 2018, tendo de lidar com a pandemia de covid-19, que o projetou em nível estadual. Já Paulo Litro foi eleito deputado estadual para dois mandatos no Paraná. Veja suas votações atual e anteriores:

CANDIDATO	2014	2018	2022
Paulo Litro	60.918	61.791	82.707

Federação Brasil da Esperança (FE BRASIL)

Com 973.352 votos válidos e 29 candidatos, a federação conseguiu quatro vagas pelo QE e duas no cálculo das sobras.

Segue a formação da bancada da FE BRASIL do Paraná na Câmara Federal:

ELEITOS PELA FE BRASIL	2014	2018	2022
Gleisi	-	212.513	261.247
Carol Dartora	-	-	130.654
Zeca Dirceu	155.583	77.306	123.033
Enio Verri	107.508	62.169	95.172
Aliel Machado	82.886	95.386	94.839
Tadeu Veneri	-	-	84.758

Somente dois não foram reeleitos, e, entre eles, está Carol Dartora, professora, historiadora e sindicalista, que fez história ao se tornar a primeira mulher negra com um mandato na Câmara de Vereadores de Curitiba. Dartora também é militante da Marcha Mundial das Mulheres e do Movimento Negro.

Tadeu Veneri foi vereador em Curitiba e deputado estadual por cinco mandatos, tendo 69.320 votos em 2018.

Progressistas (PP)

Concorrendo com 31 candidatos, o PP obteve 704.175 votos válidos, o que lhe permitiu ocupar três cadeiras pelo QP e uma pelo cálculo das sobras.

Sua bancada paranaense na Câmara Federal ficou assim formada:

ELEITOS PELO PP	2014	2018	2022
Tião Medeiros	-	-	109.344
Pedro Lupion	-	92.300	109.043
Ricardo Barros	114.396	80.025	107.022
Dilceu Sperafico	-	-	61.689

Entre seus candidatos, Tião Medeiros foi deputado estadual com as seguintes votações:

CANDIDATO	2014	2018
Tião Medeiros	31.875	54.276

O candidato Dilceu Sperafico já tinha sido deputado federal nos anos de 1994, 2002, 2006 e 2010, com uma votação média em torno de 100 mil votos nominais.

Além desses candidatos que assumiram as cadeiras conquistadas pelo partido, mais dois candidatos obtiveram votações acima dos 20% do QE: Marco Brasil, que se elegeu em 2018, com 62.584 votos nominais, e Roman, que se elegeu em 2014 e 2018 com, respectivamente, 92.042 e 67.904 votos nominais.

União Brasil (União)

Com 641.875 votos válidos e 27 candidatos, o União elegeu três representantes por QP e um pelo cálculo das médias.

Sua bancada ficou assim formada:

ELEITO PELO UNIÃO	2014	2018	2022
Felipe Francischini	-	241.537	164.342
Delegado Matheus Laiola	-	-	132.759
Geraldo Mendes	-	-	71.990
Padovani	-	-	57.185

Entre os candidatos eleitos pela primeira vez, estava o delegado Matheus Laiola, que ficou conhecido como o delegado dos animais e conta com 675 mil seguidores no Facebook. Quanto aos candidatos Geraldo Mendes e Padovani, através de uma busca rápida, como foi feita com todos os outros candidatos analisados neste trabalho, não localizei causas aparentes de suas excelentes votações. O partido também tinha entre os seus candidatos Newton Bonin, CEO da Beauty Color, que conquistou 57.185 votos nominais, quantia maior do que 20% do QE, e declarou um patrimônio de R$ 76 milhões ao TRE.

Partido Liberal (PL)

O PL conquistou 593.160 votos nominais e disputou as eleições com 26 candidatos, que lhe trouxeram duas vagas por QP e uma pelo cálculo das médias.

Sua bancada federal ficou assim disposta:

ELEITOS PELO UNIÃO	2014	2018	2022
Filipe Barros	-	75.326	249.507
Giacobo	144.305	111.384	152.342
Vermelho	-	70.001	70.790

Podemos (Pode)

Com 429.991 votos nominais e 28 candidatos, o Podemos conquistou o direito de preencher duas vagas por QP, mas somente um de seus candidatos pôde assumir a vaga em função da regra que estabelece como 10% do QE a votação mínima para ocupá-la.

Veja a votação do primeiro e do segundo colocado:

ELEITO PELO UNIÃO	2014	2018	2022
Deltan Dallagnol	-	-	344.917
Hauly	-	-	11.925

Para assumir uma vaga conquistada pelo QP, o candidato teria de ter alcançado no mínimo 20.163 votos nominais (10% do QE). Perceba que o partido não pôde se beneficiar de possuir um "puxador" de votos em sua lista de candidatos. A média de votos nominais do partido foi de 15.142 votos. Veja que, se a sua média nominal fosse a mesma e ele tivesse apenas dois entre seus 28 candidatos com votação superior a 10% do QE, seu resultado teria sido mais eficaz do que com a presença de um "puxador" de votos.

Republicanos (Republicanos)

O Republicanos, com 28 candidatos e 295.297 votos válidos, conquistou uma vaga pelo cálculo do QP.

Veja a seguir:

ELEITO PELO REPUBLICANOS	2014	2018	2022
Diego Garcia	61.063	103.154	65.416

Além do candidato eleito, o Republicanos tinha entre seus candidatos mais dois nomes que alcançaram votações superiores a 20% do QE.

São eles:

CANDIDATOS	2014	2018	2022
Aroldo Martins	–	52.572	61.715
Pastor Carlos Eduardo	–	–	44.645

O pastor Carlos Eduardo é presidente das Assembleias de Deus em Colombo Missão Integral (ADCMI); também é presidente da Unidade — Universidade (Corporativa) das Assembleias de Deus. É relator da Comissão Eleitoral da Convenção Geral das Assembleias de Deus no Brasil (CGADB) e também presidente do Conselho Jurídico e Conselho Eleitoral da Convenção das Assembleias de Deus no Paraná (CIEADEP).

Movimento Democrático Brasileiro (MDB)

Com 30 candidatos e 273.684 votos válidos, o MDB elegeu um deputado federal por QP.
Veja:

ELEITO PELO MDB	2014	2018	2022
Sérgio Souza	77.699	94.077	105.661

Como pode ser confirmado a seguir, o MDB, muito embora tenha alcançado uma quantidade de votos válidos suficientes apenas para eleger um candidato, ainda tinha em sua lista mais um concorrente com força eleitoral suficiente para assumir mais uma vaga.

CANDIDATO	2014	2018	2022
Hermes Frangão Parcianello	150.213	110.717	87.097

Partido Republicano da Ordem Social (PROS)

Com 30 candidatos e 223.959 votos válidos, o PROS elegeu um candidato por QP.
Veja:

ELEITO PELO PODE	2014	2018	2022
Toninho Wandscheer	71.822	72.475	74.263

Partido Socialista Brasileiro (PSB)

Com 22 candidatos e 183.490 votos válidos, o PSB conseguiu ultrapassar o valor de 80% do QE e se habilitar a uma vaga pelo cálculo das sobras. Um de seus candidatos conseguiu ultrapassar os 20% do QE e assumiu a cadeira. Veja:

ELEITO PELO PSB	2014	2018	2022
Luciano Ducci	156.263	98.214	95.521

Federação PSDB Cidadania

Com 21 candidatos e uma votação superior aos 80% do QE, 177.460 votos válidos, a Federação PSDB Cidadania preencheu uma vaga na bancada federal através do cálculo das sobras.

ELEITO PELO PSDB CIDADANIA	2014	2018	2022
Beto Richa		–	64.868

O histórico político de Beto Richa já o colocava como um favorito para ocupar uma das vagas do Paraná na Câmara Federal. O candidato Rubens Bueno, também com um rico histórico político, reeleito deputado federal por três mandatos, mesmo com uma votação acima de 20% do QE, não conseguiu preencher uma vaga em virtude de o partido não ter alcançado uma boa quantidade de votos válidos.

Fatos observados nas eleições analisadas

Das 27 eleições proporcionais realizadas em 2022, analisamos seis: São Paulo, Minas Gerais, Rio de Janeiro, Bahia, Rio Grande do Sul e Paraná, estados que, juntos, têm direito ao assento de 269 cadeiras das 513 existentes na Câmara Federal.

Temos as seguintes observações para compartilhar com você:

1. Com uma reeleição de 179 candidatos, ou seja, aproximadamente, 67%, obtivemos uma mostra de que podemos facilmente localizar os partidos com maior força eleitoral e chances de eleger seus candidatos. A média aproximada de reeleição por estado foi de: SP (69%), MG (70%), RJ (52%), BA (72%), RS (74%) e PR (63%).
2. Quanto aos outros noventa candidatos não reeleitos, a maioria não é estranha ao mundo político; encontramos entre eles vereadores eleitos com larga votação, deputados estaduais, ministros de Estado, ex-governadores e até ex-candidatos à presidência da República.
3. A quantidade de candidatos que não participaram de nenhuma eleição anterior e dos quais não conseguimos identificar nenhum elemento para qualificá-los como pessoas de alto potencial é diminuta — não passa de uma dúzia.
4. Como já era esperado, os partidos que conquistaram as vagas disponíveis nos estados observados foram os que abrigaram os candidatos com maiores votações em seu histórico, mais

precisamente aqueles com votações iguais ou maiores que 10%. Na média, a quantidade de candidatos que atingiram essas votações nesses seis estados ficou em 10%. Foram 537 de um total de 5.271 candidatos, sendo que apenas doze dos mais votados se lançaram em partidos que não elegeram nenhum candidato.

5. Nos itens 6, 7 e 8 a seguir, trago exemplos de partidos — cujo total de votos válidos não alcançou o QE nem 80% dele — que traziam em suas listas somente um candidato com votação superior a 10% do QE e, em virtude disso, não conseguiram eleger ninguém.

6. Em São Paulo, podemos citar o caso de Adrilles Jorge (PTB), que, embora tenha entrado na disputa por um partido que lançou uma lista completa de 71 candidatos, não conseguiu ser eleito. Adrilles, que se tornou notório por sua participação no programa *Big Brother* e por suas opiniões políticas no *Morning Show* e *Pânico* da Jovem Pan, conquistou 91.485 votos nominais, enquanto o segundo mais votado de seu partido teve somente 9.106.

7. Em Minas Gerais, Vilson da Fetaemg (PSB), com 54.280 votos nominais, não conseguiu a sua reeleição. O segundo mais votado de seu partido, que entrou na disputa com 41 candidatos e conquistou 105.851 votos válidos, obteve 8.548 votos nominais. Braulio Braz (PTB), no seu quarto mandato como deputado estadual, obteve 68.665 votos nominais e também não foi eleito. O segundo mais votado de seu partido teve 17.162 votos nominais.

8. No Rio de Janeiro, foram cinco candidatos com votação superior a 10%, concorrendo pelo Avante, Cidadania, NOVO, PMN e PSDB. Na Bahia, foram três situações semelhantes, com candidatos de Cidadania, PSC e Solidariedade. No Rio Grande do Sul, temos um caso, do PTB, e no Paraná mais três de Cidadania, DC e PDT.

Principais ocorrências

Depois de analisar as seis eleições realizadas nos maiores colégios eleitorais do país, vamos agora nos ater às principais ocorrências observadas nas demais 21 eleições.

Em Pernambuco, o candidato Daniel Coelho (Federação PSDB Cidadania), com 110.511 votos nominais, votação suplantada por apenas dez outros candidatos, compondo uma lista de 15, que de acordo com as regras eleitorais poderia ter sido 26, não conseguiu assumir uma cadeira, uma vez que sua sigla atingiu a insuficiente quantidade total de 133.248 votos nominais e 8.699 votos de legenda, abaixo dos 80% do QE exigido.

No Ceará, o Republicanos, que não atingiu o QE nem os 80% dele, lançou dezesseis candidatos, dos quais quinze obtiveram, juntos, 72.437 votos, e um deles, Ronaldo Martins, que já foi deputado estadual e há três eleições vem conquistando uma votação no patamar de 100 mil votos, não conseguiu ocupar uma vaga na bancada cearense. Em situação semelhante, pelo PSB, Denis Ribeiro, com 118.822 votos nominais, não conseguiu sua reeleição. O segundo colocado na eleição obteve apenas 9.043 votos nominais. Nos dois casos, a excepcional votação na casa dos 100 mil votos era previsível, pois era o patamar de votos que já vinha sendo repetido pelos dois candidatos. No caso dos dois partidos, a quantidade de votos válidos alcançados também era algo esperado.

No Pará, embora possamos observar alguns casos semelhantes aos apresentados nos estados anteriores, consideramos importante salientar que todas as vagas disponíveis para o estado foram preenchidas por apenas cinco siglas que alcançaram o QE, uma vez que nenhuma outra atingiu 80% do QE. Isso tende a acontecer à medida que o número de vagas diminui, tornando o percentual do QE maior. Poucos partidos ou federações partidárias conseguem se habilitar às vagas.

No Espírito Santo, o terceiro colocado na eleição, Renzo Vasconcelos (PSC), com 82.276, não se elegeu, pois seu partido não conseguiu atingir o número mínimo de votos válidos necessários. Os outros nove candidatos do partido, juntos, obtiveram um total de 39.445 votos nominais. Renzo é atualmente deputado estadual no Espírito Santo, onde se elegeu em 2018 também com a terceira maior votação do estado.

UM ESTUDO DE CASO REVELADOR

O SUCESSO É O RESULTADO DA INCANSÁVEL ATENÇÃO A UM PROPÓSITO OBJETIVO.

BENJAMIN DISRAELI

A candidata mais votada do Mato Grosso em 2022, a professora Rosa Neide (PT), não se elegeu. Disputando através da FE BRASIL com mais oito candidatos, que juntos obtiveram 23.437 nominais, conquistou sozinha 124.671 votos nominais.

As oito vagas disponíveis para o Mato Grosso na bancada federal foram disputadas por 150 candidatos espalhados em dezesseis partidos políticos e três federações partidárias. Do total de candidatos, apenas 23 alcançaram uma votação igual ou superior a 10% do QE, e, entre eles, somente quinze superaram a casa dos 20% do QE. Esses campeões de votos disputaram o pleito por apenas oito agremiações (partido + federação), das quais somente três conseguiram eleger seus candidatos mais votados.

Nada disso é surpreendente, pois, conforme já foi visto, quanto menor é o número de vagas disponíveis, maior será a quantidade de votos válidos necessários para o partido alcançar votações iguais ou superiores ao QE. No caso do Mato Grosso, com oito vagas, o equivalente a 12,5% dos votos válidos.

Os três partidos, cujos votos válidos superaram 216.340, correspondentes ao QE, e preencheram todas as vagas disponíveis, foram:

1. O PL, que, com 337.457 votos válidos, ficou com uma vaga pelo QP e mais três através do cálculo das sobras. Seus quatro candidatos que assumiram as cadeiras disponíveis tiveram votações superiores aos 20% do QE. A menor entre eles foi de 60.304 votos nominais. De sua lista de nove candidatos, total permitido pela legislação eleitoral, cinco alcançaram votações superiores a 20% do QE e quatro já davam mostras disso através de altas votações conquistadas em eleições anteriores. Amália Barros, a única a não se enquadrar nesse padrão, é escritora e ganhou notoriedade no estado em virtude de ser apoiada pela ex-primeira-dama do Brasil, Michelle Bolsonaro.
2. O segundo partido, MDB, conquistou 272.659 votos válidos, elegendo um candidato pelo QP e outro através das sobras. Seus dois candidatos eleitos conquistaram bem mais de 70 mil votos nominais cada. Os outros sete candidatos somaram 114.529 votos válidos. Os quatro mais votados, todos com um histórico de sucesso nas urnas, já indicavam que o partido estaria entre os mais votados da eleição.
3. O terceiro partido mais votado, o União, que preencheu as duas últimas vagas, uma pelo QP e outra pelas sobras, também elegeu candidatos com votações superiores a 20% do QE. Um de seus candidatos, o mais votado do partido, foi eleito deputado federal em 2014, também como o mais votado da eleição. Foi suplente de senador e chegou a ocu-

par temporariamente a cadeira. O segundo mais votado do partido, coronel Assis, é ex-comandante geral da PMMT, secretário adjunto da Secretaria de Segurança Pública e ex-comandante do Bope.

A FE BRASIL, pela qual a professora Rosa Neide foi candidata e, sozinha, responsável por 78% dos votos conquistados, obteve 159.866 votos válidos e não alcançou o patamar de 80% do QE exigido pela legislação eleitoral para um partido ou federação partidária disputar vagas na fase do cálculo das sobras. Embora o candidato Chico Daltro (PV) tenha disputado sem sucesso a eleição de 2006, quando obteve 49.949 votos nominais, chegando até a assumir em 2010 com o afastamento de Pedro Henry, em 2022 não conseguiu ultrapassar os 3.342 votos nominais.

É importante salientarmos que esta não era uma situação de todo imprevisível, pois, através do histórico de votos válidos e de eleitores aptos a votar, qualquer um poderia prever o patamar do QE e das votações mínimas necessárias para assumir uma vaga.

Um candidato propenso a concorrer a uma vaga pela FE BRASIL não poderia prever que a candidata professora Rosa Neide se sairia tão bem e muito menos que o candidato Chico Daltro não iria repetir sua votação de 2006. Assim, ele só teria a garantia de estar realmente na disputa por uma vaga pela federação se esta tivesse em sua lista pelo menos cinco candidatos com regularidade de votação no patamar de 20% do QE.

CONSIDERAÇÕES FINAIS

Avaliar os riscos de uma eleição é, às vezes, desistir dela.

Gerson Jorio

O principal objetivo deste texto é dotar os futuros candidatos de conhecimentos que lhes permitam analisar a possibilidade de concorrer a uma eleição com a segurança de estarem realmente na disputa.

Vamos então realçar os elementos mais importantes entre os abordados ao longo deste texto:

- Localizar os candidatos que já disputaram com sucesso várias ou apenas uma única eleição. Nessa lista, devem constar os candidatos com prováveis votações superiores a 10% do QE, que pode ser estimado.
- Localizar entre os candidatos aqueles que não disputaram a modalidade de pleito em questão, mas possuem larga experiência em política e que já foram

bem-sucedidos em eleições para outros cargos, majoritários ou proporcionais.
- Localizar entre os demais candidatos aqueles que, em função de suas atividades sociais, deem mostras de capacidade para atrair votos. Esse tipo de análise pode incluir o próprio candidato, caso ele mesmo seja ainda um disputante inexperiente e, portanto, sujeito a um parecer quanto ao seu potencial para ser incluído entre os eleitos.
- Certificar-se de que você tem conhecimento das regras eleitorais vigentes.
- Avaliar a tendência de formação do quociente eleitoral através dos números divulgados pelo Tribunal Superior Eleitoral.
- Saber quantos candidatos o partido ao qual você pretende se filiar lançará na disputa e qual a provável força eleitoral de cada um.
- Verificar se você poderá ser beneficiado pelos votos de legenda recebidos pelo partido que você escolheu ou se deve considerar a possibilidade de sair por outra sigla.
- Tenha em mente que, quanto menor for a quantidade de vagas disponíveis para um determinado estado, maior será o percentual de votos válidos para se atingir o quociente eleitoral e, consequentemente, menor será a quantidade de partidos capazes de eleger candidatos que alcancem 10% do QE. Os poucos partidos capazes desse feito são os que reúnem os candidatos com maior percentual de votação, o que dificulta sobremaneira as possibilidades dos outros.

APÊNDICE

POTENCIAL ELEITORAL

As informações contidas nas tabelas a seguir são muito importantes para quem está disposto a concorrer a uma vaga elegível, pois mostram os números referentes aos candidatos eleitos, reeleitos e a porcentagem dos reeleitos. Embora contenham informações importantes para análise, as próximas eleições não serão regidas pelas mesmas regras que foram utilizadas em 2020. Apesar disso, esses dados são de grande valia para a análise do potencial eleitoral de cada partido.

Tabela 1 – Eleitos, reeleitos e porcentagem de reeleitos em 2020 (SP)

BANCADA MUNICIPAL 2020 – SÃO PAULO - SP			
PARTIDOS	ELEITO	REELEITO	% DE REELEITO
PT	0	8	100,0
PSDB	2	6	75,0
DEM	3	3	50,0
PSB	0	2	100,0
REPUBLICANOS	2	2	50,0
PSL	0	1	100,0
PSC	0	1	100,0
PTB	0	1	100,0
NOVO	1	1	50,0
PL	1	1	50,0
PODEMOS	2	1	33,3
PSD	2	1	33,3
MDB	2	1	33,3
PATRIOTA	2	1	33,3
PSOL	5	1	16,7
PP	1	0	0,0
PV	1	0	0,0
TOTAL	24	31	56,4

As duas tabelas a seguir já trazem as vagas conquistadas pelos partidos dentro das regras atuais. Veja:

Tabela 2 – Bancada estadual 2022: eleitos, reeleitos e porcentagem de reeleitos (SP)

BANCADA ESTADUAL 2022 – SP			
PARTIDO	ELEITO	REELEITO	% DE REELEITOS
PL	5	14	73,7
PT	9	9	50,0
PSDB	1	8	88,9
REPUBLICANOS	3	5	62,5
UNIÃO	4	4	50,0
MDB	1	3	75,0
PSD	1	3	75,0
PSOL	3	2	40,0
PP	1	2	66,7
CIDADANIA	2	1	33,3
PDT	0	1	100
PCdoB	0	1	100
PODEMOS	4	0	00,0
PSB	3	0	00,0
PSC	2	0	00,0
NOVO	1	0	00,0
SD	1	0	00,0
TOTAL	41	53	56,4

Na composição da bancada da Assembleia Legislativa de São Paulo, vemos alguns partidos, como o PL, PT e PSDB, com um índice de reeleição variando de 50% a 88,9%, e é esse número que vai permitir que o candidato avalie o potencial eleitoral de cada partido. A importância dessa conclusão vai ser realçada no decorrer deste texto. Embora o alto índice de reeleição seja um obstáculo aos novos candidatos, as escolhas corretas podem melhorar as possibilidades de sucesso dos novos pleiteantes.

Tabela 3 – Porcentagens de candidatos reeleitos em 2022 por unidade da federação (UF)

BANCADAS FEDERAIS – 2022 – % DE RE			
UF	E	RE	%
SÃO PAULO – SP	22	48	68,6
MINAS GERAIS – MG	16	37	69,8
RIO DE JANEIRO – RJ	22	24	52,2
BAHIA – BA	11	28	71,8
RIO GRANDE DO SUL – RS	8	23	74,2
PARANÁ – PR	11	19	63,3
PERNAMBUCO – PE	12	13	52,0
CEARÁ – CE	7	15	68,2
MARANHÃO – MA	6	12	66,7
PARÁ – PA	9	8	47,1
GOIÁS – GO	8	9	52,9
SANTA CATARINA – SC	8	8	50,0
PARAÍBA – PB	5	7	58,3
ESPÍRITO SANTO – ES	4	6	60,0
PIAUÍ – PI	6	4	40,0
ALAGOAS – AL	5	4	44,4
AMAZONAS – AM	5	3	37,5
RIO GRANDE DO NORTE – RN	4	4	50,0
MATO GROSSO – MT	5	3	37,5
DISTRITO FEDERAL – DF	5	3	37,5
MATO GROSSO DO SUL – MS	4	4	50,0
SERGIPE – SE	6	2	25,0
RONDÔNIA – RO	5	3	37,5
TOCANTINS – TO	4	4	50,0
ACRE – AC	8	0	0,0
AMAPÁ – AP	6	2	25,0
RORAIMA – RR	6	2	25,0
TOTAL	218	295	57,5

CÁLCULO DO QUOCIENTE PARTIDÁRIO

Para aprofundarmos um pouco mais o nosso entendimento dos cálculos inerentes à definição das vagas conquistadas por cada federação partidária ou partido político, vamos usar o exemplo hipotético a seguir:

Tabela 4 – Votos válidos, quociente partidário, quociente eleitoral e vagas disponíveis

PARTIDO/FP	VV	CÁLC QP	QP
Federação partidária 1	10.897	1,57	1
Partido 1	10.752	1,55	1
Partido 2	10.471	1,51	1
Partido 3	7.102	1,02	1
Partido 4	6.617	0,95	0
Federação partidária 2	5.094	0,73	0
Partido 5	4.081	0,59	0
Partido 6	3.492	0,50	0
Partido 7	3.404	0,49	0
Federação partidária 3	3.030	0,44	0
Partido 8	1.603	0,23	0
Partido 9	1.565	0,23	0
Partido 10	1.500	0,22	0
Partido 11	1.271	0,18	0
Partido 12	987	0,14	0
Partido 13	896	0,13	0
Partido 14	820	0,12	0

(CONTINUA)

(CONTINUAÇÃO)

PARTIDO/FP	VV	CÁLC QP	QP
Partido 15	776	0,11	0
Partido 16	586	0,08	0
Partido 17	572	0,08	0
Partido 18	470	0,07	0
Partido 19	374	0,05	0
Eleitos por QE	-	-	0
Votos válidos	76.360	-	0
Vagas disponíveis	11	-	0
Quociente eleitoral	6.942		4

Essa tabela mostra os votos válidos obtidos por três federações partidárias e dezenove partidos políticos, que, juntos, geram um total de 76.360 votos válidos. Deduz-se facilmente que o quociente eleitoral de 6.942 votos foi obtido a partir da divisão dos votos válidos pelas onze vagas apontadas como disponíveis.

Os cálculos do quociente partidário (CÁLC QP) redundam em quatro vagas preenchidas e estão reproduzidos perfeitamente na tabela a seguir. Veja:

Tabela 5 – Cálculo do quociente partidário

PARTIDO/FP	VV ÷ QE = CÁLC QP	QP
Federação partidária 1	10.897 ÷ 6.942 = 1,57	1
Partido 1	10.752 ÷ 6.942 = 1,55	1
Partido 2	10.471 ÷ 6.942 = 1,51	1
Partido 3	7.102 ÷ 6.942 = 1,02	1
Vagas preenchidas	-	4

Na primeira linha da Tabela 5, podemos ver que o resultado de 1,57 foi obtido através da divisão dos votos válidos pelo quociente eleitoral. Nota-se também que, ao desprezarmos as casas decimais do número fracionário resultante, obtemos o quociente partidário (QP), que é a quantidade de vagas conquistadas pela federação partidária e/ou pelo partido.

Essas quatro vagas devem ser preenchidas pelo candidato mais votado da federação partidária 1 e, da mesma forma, pelas maiores votações conquistadas por postulantes dos partidos 1, 2 e 3, desde que sua votação nominal atinja pelo menos 10% do quociente eleitoral.

Os números referentes às votações alcançadas pelos quinze candidatos mais votados de nosso exemplo estão apresentados na tabela a seguir. Perceba que as quatro vagas alcançadas pela federação partidária 1 e pelos partidos 1, 2, e 3 serão preenchidas pelos candidatos da coluna "CANDIDATO 1", todos com votações (realçadas) superiores a 694, atendendo, desse modo, a exigência estabelecida pela legislação eleitoral de que as vagas das legendas sejam preenchidas por candidatos com votação igual ou superior a 10% do quociente eleitoral.

Tabela 6 – Candidatos mais votados

CANDIDATOS MAIS VOTADOS POR FEDERAÇÃO PARTIDÁRIA/ PARTIDO			
PARTIDO/FP	CANDIDATO 1	CANDIDATO 2	CANDIDATO 3
FP	**2.161**	1.039	869
Partido 1	**1.339**	1.243	1.111
Partido 2	**1.685**	1.366	928
Partido 3	**938**	903	582
Partido 4	1.041	1.007	983

Como o total de vagas é onze, e apenas quatro foram preenchidas pelo quociente partidário (vide Tabela 5), as demais devem ser preenchidas pelo cálculo de distribuição de sobras — ou cálculo das médias, como é comumente chamado.

Participam dessa fase dos cálculos todos os partidos que atingirem no mínimo 80% do quociente eleitoral. No nosso exemplo, um número de 5.554 votos válidos. Portanto, se olharmos a Tabela 4, constataremos que estão qualificados para participar dos cálculos das médias os partidos 1, 2, 3 e 4, além da federação partidária 1.

É importante evidenciarmos que, nessa fase dos cálculos, para preencher uma vaga conquistada por seu partido, o candidato precisa alcançar uma votação mínima de 20% do quociente eleitoral. No caso de nosso exemplo, são 1.388 votos nominais, uma vez que o quociente eleitoral é de 6.942.

Cálculo das médias

A tabela a seguir nos mostra a primeira média dos partidos concorrentes, aqueles que alcançaram os 80% do quociente eleitoral exigido.

Tabela 7 – Cálculo da 1ª média

PARTIDO /FP	VV	QP	1ª MÉDIA	VP
FP 1	**10.897**	1	5.449	1
Partido 1	**10.752**	1	5.376	1
Partido 2	**10.471**	1	5.236	1
Partido 3	**7.102**	1	3.551	1
Partido 4	6.617	0	**6.617**	1
Vagas preenchidas	–	4	–	5

As médias são o resultado da divisão dos votos válidos atribuídos a cada partido pelo número de lugares por ele obtido mais um (1), ou seja, (VV/Vagas obtidas + 1).

Para a federação partidária 1, por exemplo, esse número foi obtido pela divisão dos seus 10.897 votos válidos por dois, pois ela conquistou uma vaga pelo cálculo do quociente partidário e, por isso, bastou somar mais um, que é um valor fixo da fórmula.

Já no caso do partido 4, que na primeira fase dos cálculos não conseguiu nenhuma vaga, bastou dividir os seus votos válidos por um (0 + 1). Examinando o quadro da primeira média (Tabela 7), formado após os cálculos, observamos que, entre elas, a maior foi alcançada pelo partido 4, que, portanto, conquista sua primeira vaga. Porém, ao olharmos para a Tabela 6, dos candidatos mais votados, percebemos que a votação de nenhum dos concorrentes chega aos 20% de votos do quociente eleitoral, quantidade mínima exigida. A situação se agrava quando olhamos a votação dos demais candidatos e percebemos que nenhuma delas se enquadra na exigência.

A legislação eleitoral estabelece que, se nenhum partido participante conseguir mais cumprir a regra 80/20 integralmente, as vagas remanescentes serão distribuídas para os partidos que atingirem as maiores médias, desde que cumpram o quesito de no mínimo 80% do quociente eleitoral.

Retomando o olhar para a Tabela 7, coluna "1ª MÉDIA", vemos que o partido 4 tem a maior média entre os concorrentes e, com isso, conquista a sua primeira cadeira. A seguir, ele obtém a sua nova média de 3.309 votos, resultante da divisão de 6.617 por dois, sendo um correspondente da vaga obtida pela maior média e um da fórmula.

Agora já são cinco vagas preenchidas das onze disponíveis; desse modo, passamos para o segundo cálculo de médias.

TABELA 8 – CÁLCULO DA 2ª MÉDIA

PARTIDO /FP	VV	VP	2ª MÉDIA	VP
FP	**10.897**	1	**5.449**	2
Partido 1	**10.752**	1	5.376	1
Partido 2	**10.471**	1	5.236	1
Partido 3	**7.102**	1	3.551	1
Partido 4	6.617	1	3.309	1
Vagas preenchidas	–	5	–	6

O quadro da segunda média aponta a federação partidária 1 como a dona da maior média, ficando, assim, com sua segunda vaga. Seu divisor passa a ser três, sendo dois provenientes do número de cadeiras conquistadas e um da fórmula.

Vamos para a terceira média:

Tabela 9 – Cálculo da 3ª média

PARTIDO /FP	VV	VP	3ª MÉDIA	VP
FP	**10.897**	2	3.632	2
Partido 1	**10.752**	1	**5.376**	2
Partido 2	**10.471**	1	5.236	1
Partido 3	**7.102**	1	3.551	1
Partido 4	6.617	1	3.309	1
Vagas preenchidas	-	6	-	7

Como mostrado no quadro acima, a terceira maior média é do partido 1, que agora muda de valor a partir de um divisor três. Assim, o processo vai se repetindo até a sétima média, quando se completa o processo de definição dos partidos que ocuparão as onze cadeiras disponíveis.

Tabela 10 – Cálculo da 7ª média

PARTIDO /FP	VV	VP	7ª MÉDIA	VP
FP	10.897	3	2.724	3
Partido 1	10.752	3	2.688	3
Partido 2	10.471	2	3.490	2
Partido 3	7.102	1	**3.551**	2
Partido 4	6.617	1	3.309	1
Vagas preenchidas	-	10	-	11

Após os cálculos do QP e das médias, as onze vagas disponíveis na Câmara de nosso exemplo foram preenchidas como mostra a

Tabela 11. A federação partidária 1 preencheu três vagas, uma por QP e duas vagas pelo cálculo das médias. O partido 1, igualmente, preencheu três vagas, uma por QP e duas pelo cálculo das médias.

O partido 2 preencheu uma cadeira por QP e uma pelo cálculo das médias. O partido 4 conquistou apenas uma vaga pelo cálculo das médias.

TABELA 11 – ELEITOS PELO QP E PELO CÁLCULO DAS MÉDIAS

CANDIDATOS ELEITOS NAS DUAS FASES DE CÁLCULO			
PARTIDO/FP	CANDIDATO 1	CANDIDATO 2	CANDIDATO 3
FP	2.161	1.039	869
PARTIDO 1	1.339	1.243	1.111
PARTIDO 2	1.685	1.366	928
PARTIDO 3	938	903	582
PARTIDO 4	1.041	1.007	983

Repare que apenas quatro partidos e uma federação partidária, de um total de 22 participantes, ficaram com todas as onze vagas disputadas.

VOTOS VÁLIDOS EM PORCENTAGEM

Já vimos que os votos válidos são extremamente importantes, uma vez que nos permitem definir quantas vagas cada partido concorrente terá direito a ocupar em uma casa legislativa.

Os votos válidos são proporcionalmente correspondentes ao total de vagas disponíveis na Câmara dos Deputados, nas assembleias legislativas e/ou nas câmaras municipais. Assim, quando falamos, por exemplo, nas setenta vagas a que São Paulo tem direito na bancada federal, entendemos que o total de votos válidos obtidos na eleição para deputado federal daquele estado é a quantidade total de votos válidos necessária para preencher todas as cadeiras disponíveis daquele estado na Câmara Federal.

Então uma vaga, que também corresponde ao QE, guarda uma proporcionalidade em relação ao número total de vagas. Assim sendo, uma vaga em setenta corresponde a aproximadamente 1,43% dos votos válidos da eleição para deputado federal no estado de São Paulo.

A tabela a seguir apresenta as quantidades de cadeiras e as respectivas porcentagens mínimas (QE) exigidas dos partidos para elegerem pelo menos um candidato nos 26 estados brasileiros e no Distrito Federal (DF).

Na análise dos diferentes quocientes eleitorais em porcentagem, percebe-se claramente o nível de dificuldade que os partidos enfrentam em cada unidade da federação.

Embora essa porcentagem de votos válidos seja a mesma em alguns estados, a quantidade de eleitores aptos a votar, a quantidade de partidos que se lançam e a quantidade de candidatos de cada partido podem variar. Tudo isso tem o poder de aumentar ou diminuir as dificuldades de participação dos partidos e candidatos.

Isso pode ser constatado pela quantidade de votos válidos das últimas eleições (2022) para deputado federal, apresentadas na Tabela 13 ("Eleições federais de 2022").

Tabela 12 – Bancadas federais e estaduais com seus quocientes eleitorais em porcentagem

BANCADAS FEDERAIS E ESTADUAIS – QE (%)				
UF	VAGAS CF	QE (%)	VAGAS AL	QE (%)
SP	70	1,43	94	1,06
MG	53	1,89	77	1,30
RJ	46	2,17	70	1,43
BA	39	2,56	63	1,59
RS	31	3,23	55	1,82
PR	30	3,33	54	1,85
PE	25	4,00	49	2,04
CE	22	4,55	46	2,17
MA	18	5,56	42	2,38
PA	17	5,88	41	2,44

(CONTINUA)

(CONTINUAÇÃO)

UF	VAGAS CF	QE (%)	VAGAS AL	QE (%)
GO	17	5,88	41	2,44
SC	16	6,25	40	2,50
PB	12	8,33	36	2,78
ES	10	10,00	30	3,33
PI	10	10,00	30	3,33
AL	9	11,11	27	3,70
AM	8	12,50	24	4,17
RN	8	12,50	24	4,17
MT	8	12,50	24	4,17
DF	8	12,50	24	4,17
MS	8	12,50	24	4,17
SE	8	12,50	24	4,17
RO	8	12,50	24	4,17
TO	8	12,50	24	4,17
AC	8	12,50	24	4,17
AP	8	12,50	24	4,17
RR	8	12,50	24	4,17

TABELA 13 – ELEIÇÕES FEDERAIS DE 2022

ELEIÇÕES FEDERAIS 2022				
UF	ELEITO	REELEITO	VAGA	VV
SP	27	43	70	23.750.391
MG	16	37	53	11.201.227
BA	12	27	39	7.959.430
RS	8	23	31	6.160.645
RJ	24	22	46	8.575.988
PR	13	17	30	6.130.878
CE	7	15	22	5.108.239
PE	12	13	25	4.989.358

(CONTINUA)

(CONTINUAÇÃO)

UF	ELEITO	REELEITO	VAGA	VV
PA	9	8	17	4.533.307
SC	8	8	16	3.977.307
MA	6	12	18	3.710.277
GO	8	9	17	3.447.199
PB	5	7	12	2.217.976
ES	5	5	10	2.084.771
AM	5	3	8	1.991.796
PI	6	4	10	1.959.964
RN	4	4	8	1.870.321
MT	5	3	8	1.730.719
AL	5	4	9	1.654.645
DF	5	3	8	1.612.037
MS	4	4	8	1.406.477
SE	6	2	8	1.194.068
TO	4	4	8	889.580
RO	5	3	8	869.215
AC	8	0	8	434.253
AP	6	2	8	424.156
RR	6	2	8	292.082
		229	**284**	

DE QUANTOS VOTOS PRECISO PARA ME ELEGER?

Essa é uma pergunta que o candidato sempre faz. É claro que nada é 100% certo, são tantas variáveis envolvidas em uma questão desse tipo que fica realmente impossível respondê-la com precisão, mas vamos tentar chegar a um número coerente, que sirva de norte para o candidato sedento por encontrar um horizonte.

Primeiramente é primordial termos em mente que a legislação eleitoral vigente estabelece que o partido precisa alcançar 80% dos votos válidos para, na pior das hipóteses, concorrer a uma vaga na fase do cálculo das médias. Estabelece também que o candidato, para assumir uma vaga conquistada dentro dessa regra, precisa alcançar pelo menos 20% dos votos válidos. Números bem altos.

EVOLUÇÃO DOS NÚMEROS ELEITORAIS - SÃO PAULO - SP - 2002 -2022

APTOS: 7.532.145; 7.774.211; 7.955.270; 8.198.282; 8.479.626; 8.619.170; 8.777.167; 8.888.352; 9.050.681; 8.919.773; 9.298.484

COMP: 6.360.100; 6.609.377; 6.838.098; 6.916.744; 7.176.542; 7.026.448; 7.104.325; 6.947.898; 7.133.362; 6.287.186; 7.318.614

VV: 5.744.550; 5.958.176; 5.849.836; 6.017.926; 6.045.735; 5.739.798; 5.583.261; 5.410.101; 5.616.457; 5.049.137; 6.384.531

ABST: 1.172.045; 1.164.834; 1.117.172; 1.281.538; 1.303.084; 1.592.722; 1.672.842; 1.940.454; 1.917.319; 2.632.587; 1.979.870

ANO: 2002; 2004; 2006; 2008; 2010; 2012; 2014; 2016; 2018; 2020; 2022

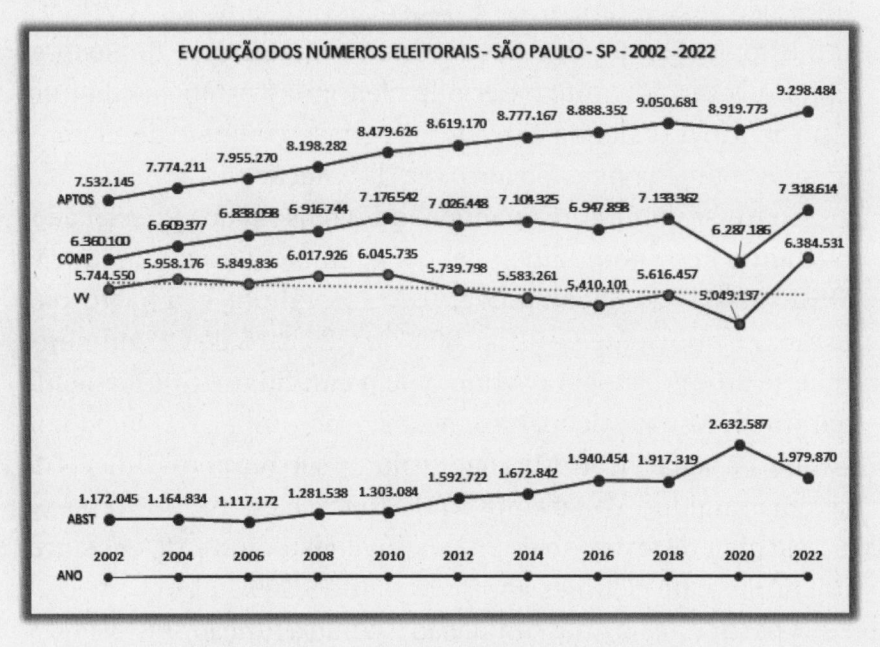

FIGURA 2 – EVOLUÇÃO DOS NÚMEROS ENTRE 2002 E 2022.

Ao olharmos o gráfico da Figura 2, em que a primeira linha mostra a evolução do número de eleitores aptos (APTOS) para votar nos anos apresentados, percebemos uma linha ascendente, com breve queda em 2020, mas com uma recuperação logo em seguida, em 2022. Perceba que os números de 2022 já são resultado de uma limpeza nos registros do TSE, pois provêm de um grande trabalho de recadastramento para implantação do voto eletrônico. Descendo, temos a linha do comparecimento (COMP), depois a dos votos válidos (VV) e, por último, a das abstenções (ABST).

Acho importante salientar que, no decorrer dessas onze eleições, o número de votos válidos variou entre 5 milhões e 6 milhões. Uma média de 5,6 milhões (5,6 . 10^6), o que nos leva a crer que os votos válidos das próximas eleições não deverão fugir desse patamar.

O Tribunal Superior Eleitoral (TSE) tem um serviço que pode ser encontrado no seu site desde que você siga o seguinte caminho: Eleições / Estatísticas / Estatísticas do eleitorado / Evolução do eleitorado, onde podemos encontrar a quantidade de eleitores aptos a votar. Durante o período eleitoral, é estabelecida uma data dentro do calendário eleitoral em que o número de eleitores aptos a votar é congelado até o dia da votação.

Com esse número e a quantidade de votos válidos apresentados na Figura 2, o candidato pode, por exemplo, através da função "PREVISÃO" do Excel, prever os votos válidos e, a partir daí, estimar o quociente eleitoral, 80% do QE e 20% do QE, números que, se atingidos pelo partido e pelo candidato, praticamente garantem a sua eleição. Isso mesmo, são números que podem garantir a sua eleição. Mas não se iluda: são números difíceis de serem atingidos. Voltaremos a falar sobre eles.

No dia 1 de fevereiro de 2023, após consultar o TSE, encontrei um número de eleitores aptos a votar de 9.309.240.

A partir daí, fiz uma simulação usando a função "PREVISÃO" do Excel e encontrei o número de 5.680.985 votos válidos, que, após os cálculos, me levou a um QE de 103.291 votos, 82.633 votos, para os 80% do QE e 20.658 votos, como sendo os 20% do QE, exigidos do candidato para assumir uma vaga conquistada por seu partido.

Na época da divulgação dos números oficiais da eleição que o candidato pretende disputar, ele pode repetir o mesmo processo que eu fiz e chegar aos números pretendidos. Obviamente, existem outros cálculos estatísticos para se chegar à previsão desejada.

O candidato pode escolher o que melhor atender aos seus desejos ou possibilidades.

Esses números são altos, e poucos partidos e poucos candidatos vão atingi-los.

PARETO NAS ELEIÇÕES

Como já falamos na primeira parte deste trabalho, a concentração de uma grande quantidade de votos em uns poucos candidatos é um fenômeno comumente observado nas eleições proporcionais. Os quadros a seguir retratam a distribuição dos votos nominais nas eleições para vereador de São Paulo. Vejam:

Tabela 14 – Distribuição da votação nominal das eleições municipais de 2004

ELEIÇÃO 2004 – VERADOR SP			
CANDIDATOS	%	VOTAÇÃO	%
240	19,9	3.991.216	84,6
969	80,1	728.519	15,4
1.209	100	4.719.735	100

Tabela 15 – Distribuição da votação nominal das eleições municipais de 2008

ELEIÇÃO 2008 – VERADOR SP			
CANDIDATOS	%	VOTAÇÃO	%
216	20,1	3.661.870	85,5
861	79,9	622.356	14,5
1.077	100	4.284.226	100

Tabela 16 – Distribuição da votação nominal das eleições municipais de 2012

ELEIÇÃO 2012 – VERADOR SP			
CANDIDATOS	%	VOTAÇÃO	%
228	19,6	4.028.695	87,3
938	80,4	588.534	12,7
1.166	100	4.617.229	100

Tabela 17 – Distribuição da votação nominal das eleições municipais de 2016

ELEIÇÃO 2016 – VERADOR SP			
CANDIDATOS	%	VOTAÇÃO	%
256	20,1	3.878.351	86,2
1.020	79,9	622.286	13,8
1.276	100	4.500.637	100

Tabela 18 – Distribuição da votação nominal das eleições municipais de 2020

ELEIÇÃO 2020 – VERADOR SP			
CANDIDATOS	%	VOTAÇÃO	%
367	20,0	3.741.465	85,1
1.469	80,0	654.064	14,9
1.836	100	4.395.529	100

A seguir temos mais um quadro mostrando os números, por unidades federativas, das eleições federais de 2022. É encontrada a quantidade de candidatos que alcançaram votações iguais ou maiores do que 20% do QE, 10% do QE, a quantidade total de candidatos e o número de vagas disponíveis.

Tabela 19 – Distribuição dos principais números das eleições federais de 2022

ELEIÇÕES FEDERAIS DE 2022				
UF	20% QE	10% QE	CAND.	VAGAS
SP	93	148	1.427	70
MG	69	95	1.035	53
RJ	60	113	1.034	46
BA	57	77	669	39
RS	39	52	512	31
PR	42	55	602	30
PE	36	45	422	25
CE	32	47	350	22
MA	29	40	328	18
PA	29	37	298	17
GO	27	38	344	17
SC	23	40	292	16
PB	17	25	211	12
ES	16	31	187	10
PI	16	19	164	10
AL	14	20	157	9
AM	12	19	149	8
RN	12	20	175	8
MT	15	23	150	8
DF	9	18	198	8
MS	11	23	148	8
SE	12	21	150	8

(CONTINUA)

(CONTINUAÇÃO)

UF	20% QE	10% QE	CAND.	VAGAS
TO	11	17	145	8
RO	10	27	149	8
AC	14	24	128	8
AP	10	24	135	8
RR	13	24	147	8

O exemplo acima é o retrato de como é difícil para um candidato alcançar 10% ou 20% do quociente eleitoral, números necessários para alguém assumir uma vaga disponível nas eleições proporcionais. Se é difícil para o candidato, é difícil também para os partidos. Por isso, pregamos a importância de o candidato fazer as escolhas corretas.

Nos estados onde o número de vagas é menor, alcançar uma votação equivalente a 20% do QE significa atingir 2,50% dos votos nominais da eleição, um número extremamente alto.

Para termos uma ideia do que significa isso, basta darmos uma olhada na lista dos candidatos mais votados no século XXI. O ex-deputado José Eduardo Martins Cardozo (PT) foi o terceiro mais votado na eleição paulista de 2002, com 1,72% dos votos válidos. O falecido deputado Clodovil Hernandes e o ex-governador Paulo Salim Maluf ficaram com a terceira colocação como candidatos a deputado federal com, respectivamente, 2,74% dos votos nominais, nas eleições de 2006, e 2,57% dos votos nominais, nas eleições de 2010.

A REGULARIDADE DE VOTAÇÃO EM FOCO

A seguir, uma pequena mostra da repetição de mais um padrão de votação observado nas eleições municipais de São Paulo entre os anos de 2004 e 2020.

Tabela 20 – Regularidade de votação nas eleições de São Paulo

CANDIDATOS	2004	2008	2012	2016	2020
Atílio Francisco	32.813	25.684	32.513	46.961	35.345
Milton Leite	63.374	80.051	101.664	107.957	132.716
Alfredinho	-	33.417	36.634	36.324	25.159
Celso Jatente	69.354	49.777	52.099	53.715	-
Juliana Cardoso	-	30.698	46.757	34.949	28.402
Ricardo Teixeira	-	27.248	30.698	28.515	23.280
George Hato	-	-	24.611	26.104	25.599
Jair Tatto	-	-	31.685	30.989	29.918
Dr. Milton Ferreira	-	14.874	-	21.849	20.126
Camilo Cristófaro	-	-	-	29.603	23.431
Fabio Riva	-	-	-	28.041	24.739
Isac Félix	-	-	-	25.876	23.929

Para medir a força eleitoral dos partidos, montei quadros, como o apresentado na Tabela 20, com todos os partidos e estados da federação. Quando ocorre a janela partidária, atualizo essas tabelas e, quando os partidos divulgam seus candidatos para concorrer a uma eleição, eu cruzo essas informações e obtenho dados atualizados da força dos partidos em cada estado.

Tenho um amigo, cujo nome optei por não divulgar, que a cada eleição me diz: "Essa eleição vai ser diferente, vou ter uma grande votação, pois estou trabalhando muito". Mas, por mais que ele faça, coitado, suas votações são estas:

CANDIDATO	2000	2004	2008	2012	2016	2020
-	241	239	-	291	-	121

LISTA DE CANDIDATOS

Segue uma lista da quantidade de candidatos para a Assembleia Legislativa (AL) de São Paulo, nas eleições de 2022.

Tabela 21 – Lista do número de candidatos por partidos e federações partidárias

QUANTIDADE DE CANDIDATURAS AL –SP 2022				
PARTIDO	CAND	DÉFICIT	VN	VV
PL	85	10	3.659.756	4.114.519
PT + PV +PCdoB	82	-13	3.434.938	4.022.853
PSDB + CIDADANIA	75	-25	2.364.805	2.458.922
REPUBLICANOS	82	-13	1.638.499	1.767.011
UNIÃO	86	-9	1.589.258	1.685.895
PSOL + REDE	88	-7	1.409.520	1.496.620
PODEMOS	88	-7	967.647	1.030.595
MDB	74	-21	829.400	975.207
PSD	66	-29	901.718	940.809
PSB	83	-12	652.655	882.495
PP	64	-31	752.226	799.148
PSC	77	-18	566.491	613.796
NOVO	56	-39	305.925	428.030
PDT	87	-8	315.735	383.911
SD	65	-30	303.405	345.811
PATRIOTA	78	-17	207.367	234.367
PTB	93	-2	206.696	226.704
AVANTE	88	-7	182.149	200.838
PRTB	79	-16	182.029	186.816
PROS	60	-35	98.808	100.860
PMB	88	-7	51.716	61.020
AGIR	90	-5	51.340	54.870
UP	3	-95	35.617	39.545
PMN	63	-32	22.219	24.807
PCB	2	-93	4.885	20.403
PSTU	11	-84	7.029	10.631
DC	11	-84	4.674	6.313
PCO	4	-91	2.153	3.673
TOTAL	1.828	-840	20.748.658	23.146.469
Vagas = 94 / candidaturas permitidas = 95 / QE = 246.239				

Na Tabela 21, alguns dados são muito úteis para o nosso entendimento do que é importante em uma eleição proporcional. Veja que são 94 vagas disponíveis e, em função disso, cada partido ou federação de partidos participante tem o direito de lançar 95 candidatos (94 + 1 = 95). Perceba também que nenhum dos partidos ou federações concorrentes lançou o total de candidaturas permitidas por lei (95), e isso gerou uma coluna (DÉFICIT) com a quantidade de candidaturas que deixaram de ser lançadas. Independentemente do motivo que levou esses partidos a entrarem na disputa com um número de candidatos inferior ao permitido por lei, esse é um ponto que deve ser analisado antes de o candidato decidir por onde lançar a sua candidatura.

Três aspectos devem ser avaliados na questão:

1. O número de candidatos lançados por cada partido.
2. A força eleitoral dos candidatos de cada partido.
3. A força eleitoral de cada partido.

Desse modo, o suposto candidato pode solicitar a lista com o nome dos candidatos que serão lançados pelo partido pelo qual ele tem interesse em disputar a eleição. Com a lista nas mãos, ele pode fazer uma pesquisa da participação desses candidatos em eleições anteriores. Pode também verificar se a quantidade de candidatos é compatível com o número de candidaturas permitidas por lei. Isso vai lhe permitir responder parte das questões acima.

A tabela também nos informa que o QE daquela eleição foi de 246.239 votos válidos, o que nos permitiu saber que somente as primeiras 15 agremiações das 28 que participaram conseguiram alcançar a votação necessária (QE) para concorrerem aos cálculos do QP.

Veja que foram lançadas 1.828 candidaturas, e os partidos e federações deixaram de lançar outros 840 candidatos. Alguns partidos, como o PSD, PP, NOVO e SD, mesmo com um número incompleto de candidaturas, conseguiram, em virtude de alguns candidatos com grande potencial de votação, superar a fragilidade e atingir o QE, elegendo, dessa forma, alguns candidatos.

A FORÇA PARTIDÁRIA POR REGIÕES

A título de informação, estou passando as composições das bancadas federais, por regiões brasileiras, estados e partidos políticos, após as eleições de 2022. Note que o preenchimento das 513 vagas que compõem a Câmara Federal está distribuído no sentido das regiões que detêm mais vagas para as menores, e que os partidos PL, PT, União, PP, MDB, PSD, Republicanos e PDT elegeram candidatos em todas as regiões do país. O PROS, em fevereiro de 2023, foi incorporado ao Solidariedade.

Tabela 22 – Distribuição das vagas federais na Região Sudeste em 2022

SUDESTE					
PARTIDOS	SP	MG	RJ	ES	BANC
PL	17	11	11	1	40
PT	11	10	5	2	28
UNIÃO	6	3	6	-	15
PP	4	3	3	2	12
MDB	5	2	2	-	9
PSD	3	4	4	-	11
REPUBLICANOS	5	2	3	2	12
PDT	-	2	1	-	3
PSB	2	-	1	1	4
PSDB	3	2	-	-	5
PODEMOS	3	2	1	2	8
PSOL	-5	1	5	-	11
AVANTE	-	5	-	-	5
PCdoB	-	-	1	-	1
PSC	1	1	-	-	2
CIDADANIA	2	-	-	-	2
PATRIOTA	-	3	-	-	3
SD	1	1	1	-	3
NOVO	1	-	-	-	1
PROS	-	1	1	-	2
REDE	1	-	-	-	1
PTB	-	-	-	-	1
TOTAL	70	53	46	10	179

Tabela 23 – Distribuição das vagas federais na Região Nordeste em 2022

NORDESTE										
PARTIDOS	BA	PE	CE	MA	PB	PI	AL	RN	SE	BANC
PL	3	4	5	4	2	-	-	4	1	23
PT	7	1	3	1	1	4	1	2	-	20
UNIÃO	6	3	4	2	1	-	1	2	2	21
PP	4	4	1	2	2	2	4	-	1	20
MDB	1	1	1	1	-	-	2	-	-	6
PSD	6	-	3	1	-	3	-	-	2	15
REPUBLICANOS	3	2	-	1	3	-	-	-	2	11
PDT	2	-	5	1	-	-	-	-	-	8
PSB	1	5	-	1	1	-	-	-	-	8
PSDB	1	-	-	-	-	-	-	-	-	1
PODEMOS	1	-	-	1	-	-	-	-	-	2
PSOL	-	-	-	-	-	-	-	-	-	0
AVANTE	1	1	-	-	-	-	-	-	-	2
PCdoB	2	1	-	1	-	-	-	-	-	4
PSC	-	-	-	1	2	-	-	-	-	3
PV	1	1	-	-	-	1	1	-	-	4
PATRIOTA	-	-	-	1	-	-	-	-	-	1
SD	-	1	-	-	-	-	-	-	-	1
REDE	-	1	-	-	-	-	-	-	-	1
PTB	-	-	-	-	-	-	-	-	-	0
TOTAL	39	25	22	18	12	10	9	8	8	151

Tabela 24 – Distribuição das vagas federais na Região Sul em 2022

SUL				
PARTIDOS	RS	PR	SC	BANC
PL	4	3	6	13
PT	6	5	2	13
UNIÃO	1	4	1	6
PP	3	4	-	7
MDB	3	1	3	7
PSD	1	7	2	10
REPUBLICANOS	3	1	-	4
PDT	2	-	-	2
PSB	1	1	-	2
PSDB	2	1	-	3
PODEMOS	1	1	-	2
PSOL	1	-	-	1
PcdoB	1	-	-	1
PV	-	1	-	1
CIDADANIA	1	-	1	2
NOVO	1	-	1	2
PROS	-	1	-	1
TOTAL	31	30	16	77

Tabela 25 – Distribuição das vagas federais na Região Norte em 2022

NORTE								
PARTIDOS	PA	TO	AM	RO	AC	RR	AP	BANC
PL	3	2	1	2	-	-	3	11
PT	2	-	-	-	-	-	-	2
UNIÃO	1	-	2	4	3	2	-	12
PP	-	2	-	-	3	-	-	5
MDB	9	-	-	2	-	2	2	15
PSD	2	-	2	-	-	1	-	5
REPUBLICANOS	-	3	2	-	2	3	-	10
PDT	-	-	-	-	-	-	3	3
CIDADANIA	-	-	1	-	-	-	-	1
TOTAL	17	8	8	8	8	8	8	65

Tabela 26 – Distribuição das vagas federais na Região Centro-Oeste em 2022

CENTRO-OESTE					
PARTIDOS	GO	MT	MS	DF	BANC
PL	4	4	2	2	12
PT	2	-	2	1	5
UNIÃO	2	2	-	-	4
PP	2	-	1	-	3
MDB	2	2	-	1	5
PSD	1	-	-	-	1
REPUBLICANOS	1	-	-	3	4
PDT	1	-	-	-	1
PSDB	1	-	3	-	4
PSC	1	-	-	-	1
PV	-	-	-	1	1
TOTAL	17	8	8	8	41

A seguir, a Tabela 27 ("Performance dos partidos nas eleições federais 2022") nos mostra uma tendência de poucos partidos conquistarem todas as vagas nos estados cujas bancadas são menores. Embora o quadro possa mudar de eleição para eleição, de acordo com a conjuntura política do momento, a tabela também mostra os partidos que tiveram dificuldades e não conseguiram participar das eleições em algumas unidades da federação.

Tabela 27 – Performance dos partidos nas eleições federais 2022

ELEIÇÕES FEDERAIS 2022 – PERFORMANCE DOS PARTIDOS					
UF	2	3	4	VV	Partidos que não participaram
SP	32	16	70	23.750.391	
MG	30	16	53	11.201.227	PCO, PMB
RJ	30	15	46	8.575.988	PCO, UP
BA	31	14	39	7.959.430	PMN
RS	30	15	31	6.160.645	PMB, PMN
PR	30	12	30	6.130.878	AVANTE, UP
PE	23	12	25	4.989.358	
CE	27	7	22	5.108.239	DC, NOVO, PRTB, PSTU, SD
MA	30	13	18	3.710.277	PMN, UP
GO	31	10	17	3.447.199	PMN
PA	26	5	17	4.533.307	DC, NOVO, PCB, PCO, PMN, UP
SC	28	7	16	3.977.297	AGIR, PCB, PMB, PMN
PB	28	7	12	2.217.976	NOVO, PCO, PSD, PSTU
ES	26	6	10	2.084.771	MDB, PCB, PL, PODE, PSC
PI	24	4	10	1.959.964	AVANTE, DC, MDB, PMB, PROS, PRTB, PSB, PSC
AL	27	5	9	1.654.645	NOVO, PCB, PL, PODE, PSC

(CONTINUA)

(CONTINUAÇÃO)

UF	2	3	4	VV	Partidos que não participaram
DF	30	5	8	1.612.037	PCB, PMB
RN	26	3	8	1.870.321	AGIR, NOVO, PCB, PCO, PROS, UP
AM	25	5	8	1.991.796	PCB, PCO, PMB, PP, PRTB, PSTU, UP
MT	23	3	8	1.730.719	AVANTE, PCB, PCO, PMB, PMN, PRT, PSC, PSTU, UP
MS	23	4	8	1.406.477	DC, PATRIOTA, PCB, PCO, PMB, PMN, PSC, PSTU, UP
SE	23	5	8	1.194.068	AGIR, AVANTE, NOVO, PCB, PCO, PMR, PRTB, PSC, PSTU
TO	23	4	8	889.508	AGIR, NOVO, PCB, PCO, PMN, PRTB, PSC, PSTU
RO	22	3	8	869.215	DC, NOVO, PCB, PCO, PMN, PMN, PRTB, PSDB, CIDADANIA, PSTU, UP
AC	21	3	8	434.253	AVANTE, DC, NOVO, PCB, PCO, PL, PMB, PRTB, PSTU, PTB, UP
AP	21	3	8	424.156	DC, NOVO, PCB, PCO, PMB, PMN, PROS, PSTU, SD, UNIÃO, UP
RR	22	4	8	292.082	AGIR, AVANTE, DC, NOVO, PCB, PCO, PSB, PSC, PSTU, UP

Títulos das colunas:

2. Quantidade de partidos que concorreram às eleições.

3. Quantidade de partidos que elegeram candidatos.

4. Quantidade de vagas disponíveis.

NÚMEROS RELACIONADOS AOS VOTOS DE LEGENDA

Para elucidar os padrões inerentes à formação dos votos de legenda, vou apresentar a seguir os dados referentes às eleições de 2002, 2006, 2010, 2014, 2018 e 2022 para o governo de São Paulo, com seus candidatos, votos nominais no primeiro turno (V NOM 1T), votos nominais no segundo turno (V NOM 2T), somatório dos votos de partidos (Σ V COLIG) que disputaram as eleições proporcionais coligados com a candidatura majoritária e a composição das coligações.

1. VOTOS NOMINAIS × VOTOS DE LEGENDA 2002

Tabela 28 – Candidatos a governador em 2002, votos nominais e votos referentes às coligações proporcionais

SIGLA	V NOM 1T	V NOM 2T	Σ V COLIG
PSDB	**7.505.486**	**12.008.819**	**4.165.714**
PT	**6.361.747**	**8.470.863**	**3.9916.086**
PPB	4.190.706	-	1.754.297
PGT	703.8588	-	305.065
PMDB	259.317	-	701.595
PSB	216.369	-	1.070.588
PTB	200.839	-	2.856.429
PV	52.068	-	875.729
PRONA	38.545	-	823.094
PSTU	35.558	-	24.236
PTC	17.854	-	196.450
PRTB	8.654	-	25.663
PSL	7.648	-	32.392
PCO	4.634	-	1.545
PAN	3.418	-	7.069
	19.606.699	20.479.682	

Candidatos e coligações: PSDB: Geraldo Alckmin, PSDB / PFL / PSD – PT: José Genoino, PT / PCB / PCdoB – PPB: Paulo Maluf, PPB / PL / PSDC / PTN – PGT: Carlos Apolinário, PGT / PHS / PST – PMDB, Lamartine Posella – PSB: Carlos R. Pittoli – PTB: Antonio Cabrera, PTB / PDT / PPS – PV: Pinheiro Pedro – PRONA: Robson Malek – PSTU: Dirceu Travesso – PTC: Ciro Moura, PTC/PRP/ PSC/PTdoB – PRTB: Levy Fidelix – PSL: Roberto Siqueira – PCO: Anai Caproni Pinto – PAN: Osmar Lins.

É importante atentar para as duas primeiras linhas destacadas, nas quais se concentram os candidatos mais votados ao governo do estado e também as coligações que acumularam mais votos nas eleições proporcionais.

Já na próxima tabela, destaquei os dois partidos que conquistaram mais votos de legenda. Veja que coincidem com os partidos dos candidatos mais votados a governador.

Tabela 29 – Votos de legenda dos partidos que disputaram em 2002

PARTIDO	VL	PARTIDO	VL
PT	**996.769**	PGT	14.394
PSDB	**560.554**	PRP	13.399
PPB	171.573	PHS	9.950
PMDB	159.571	PST	8.660
PFL	150.844	PSL	8.158
PV	137.335	PTN	7.972
PSB	110.898	PCB	7.860
PDT	78.163	PMN	7.262
PPS	71.053	PSC	5.465
PRONA	67.286	PAN	5.338
PTB	66.327	PTC	4.603
PSTU	46.257	PRTB	3.566
PSD	17.426	PTdoB	2.901
PL	40.289	PCO	2.607
PCdoB	37.134	PSDC	2.050

Juntos, PT e PSDB somaram 1.557.323 votos de legenda, o que representa 55,3% dos votos recebidos pelos 30 partidos que disputaram as eleições de 2002.

Os seis partidos (20% do total) com maiores votos de legenda, PT, PSDB, PPB, PMDB, PFL e PV, somaram 2.176.646 votos de legenda, o que corresponde a 77,3% do total de votos.

2. VOTOS NOMINAIS × VOTOS DE LEGENDA 2006

Tabela 30 – Candidatos a governador em 2006: votos nominais e votos referentes às coligações proporcionais

SIGLA	V NOM 1T	V NOM 2T	Σ V COLIG
PSDB	**12.381.038**	**Eleito**	**7.617.254**
PT	**6.771.582**	**-**	**3.518.437**
PMDB	977.695	-	1.246.797
PSOL	532.470	-	224.995
PDT	430.847	-	991.335
PV	186.097	-	1.239.732
PSB	39.857	-	870.100
P1SC	17.420	-	563.601
PSDC	7.073	-	77.901
PAN	6.607	-	76.983
PTC	6.074	-	20.467
PSL	5.982	-	126.992
PCO	5.902	-	1.394
PTN	4.523	-	97.400
	21.373.140		

Candidatos e coligações: PSDB: JOSÉ SERRA, PSDB/PFL/PTB/PPS – PT: ALOIZIO MERCADANTE, PRB/PT/PL/PcdoB – PMDB: ORESTES QUÉRCIA, PP/PMDB – PSOL: PLÍNIO ARRUDA SAMPAIO, PCB/PSOL/PSTU – PDT: CARLOS APOLINÁRIO – PV: CLÁUDIO DE MAURO – PSB: MARIO LUIZ GUIDE – PSC: TARCISIO FOGLIO – PSDC: CUNHA LIMA – PAN: SARLI JUNIOR – PTC: EDER XAVIER – PSL: ROBERTO SIQUEIRA, PSL/PHS – PCO: ANAI CAPRONI – PTN: FRED CORREIA, PTN/PRP/PTdoB.

As mesmas considerações referentes às ligações entre os votos nominais e de legenda feitas anteriormente podem ser adaptadas para estes quadros. O total de votação dos dois partidos em destaque perfaz 58,4% do total. Os seis primeiros (20% do total) respondem por 83,4% do total de votos.

Tabela 31 – Votos de legenda dos partidos que disputaram em 2006

VOTOS DE LEGENDA – 2006			
PARTIDO	VL	PARTIDO	VL
PT	**1.090.159**	PCdoB	20.651
PSDB	**1.089.928**	PRP	13.385
PV	444.918	PAN	9.809
PFL	214.336	PSTU	9.503
PSOL	153.249	PMN	8.758
PDT	118.205	PCB	8.754
PMDB	92.194	PHS	8.707
PP	885.594	PSL	6.935
PTB	72.878	PSDC	6.722
PRONA	62.033	PCO	5.057
PSB	59.789	PTN	4.028
PPS	47.179	PRTB	3.830
PL	40.769	PTdoB	2.965
PSC	30.109	PRB	0
PTC	21.454		

3. VOTOS NOMINAIS × VOTOS DE LEGENDA 2010

Tabela 32 – Candidatos a governador em 2010: votos nominais e votos referentes às coligações proporcionais

SIGLA	V NOM 1T	V NOM 2T	Σ V COLIG
PSDB	**11.519.314**	Eleito	8.362.072
PT	**8.016.866**	-	5.998.267
PP	1.233897	-	267.724
PSB	1.038.430	-	790.094
PV	940.397	-	1.420.637
PSTU	16.441	-	8.664
PCO	4.656	-	480
	22.769.983		

Candidatos e coligações: PSDB: GERALDO ALCKMIN, PSDB/PMDB/PSC/PPS/DEM/PHS/PMN - PT: ALOIZIO MERCADANTE, PT/PRB/PDT/PTN/PR/PSDC/PRTB/PRP/PCdoB/PTdoB - PP: RUSSOMANNO, PP/PTC - PSB: PAULO SKAF, PSB/PSL - PV: FABIO FELDMAN - PSTU: LUIZ CARLOS PRATES - PCO: ANAÍ CAPRONI.

Tabela 33 – Votos de legenda dos partidos que disputaram em 2010

VOTOS DE LEGENDA – 2010			
PARTIDO	VL	PARTIDO	VL
PT	**1.105.523**	PRP	37.907
PSDB	**1.006.700**	PRB	20.715
PV	581.274	PSTU	16.340
PP	137.624	PMN	14.989
PR	113.805	PHS	11.469
PDT	110.523	PCB	10.662
PSB	95.712	PTN	9.424
PSOL	95.005	PTC	9.315

(CONTINUA)

(CONTINUAÇÃO)

PARTIDO	VL	PARTIDO	VL
DEM	91.943	PSL	7.643
PMDB	67.411	PCO	3.916
PTB	58.995	PRTB	3.472
PCdoB	47.654	PTdoB	3.336
PPS	46.621	PSDC	2.685
PSC	45.241		

O total de votação dos dois partidos em destaque perfaz 56,2% do total. Os cinco primeiros (20% do total) respondem por 78,4% do total de votos.

4. VOTOS NOMINAIS × VOTOS DE LEGENDA 2014

Tabela 34 – Candidatos a governador em 2014: votos nominais e votos referentes às coligações proporcionais

SIGLA	V NOM 1T	V NOM 2T	Σ V COLIG
PSDB	12.230.807	ELEITO	9.192.598
PMDB	4.595.708	-	2.510.585
PT	3.888.584	-	3.374.458
PV	260.696	-	1.142.545
PSOL	187.487	-	387.833
PHS	132.042	-	344.563
PRTB	22.822	-	50.564
PCB	12.958	-	0
PCO	11.118	-	679
	21.341.222		

Candidatos e coligações: PSDB: GERALDO ALCKMIN, PSDB / DEM / PEN / PMN / PTdoB / PTC / PTN / SD / PPS / PRB / PSB / PSC / PSDC / PSL - PMDB: PAULO SKAF, PMDB / PROS / PSD / PP / PDT - PT: ALEXANDRE PADILHA, PT / PCdoB / PR - PV: GILBERTO NATALINI - PSOL: GILBERTO MARINGONI, PSOL/PSTU - PHS: LAÉRCIO BENKO, PHS/PRP - PRTB: WALTER CIGLIONI - PCB: WAGNER FARIAS - PCO: RAIMUNDO SENA.

Tabela 35 – Votos de legenda dos partidos que disputaram em 2014

VOTOS DE LEGENDA - 2014			
PARTIDO	VL	PARTIDO	VL
PSDB	1.056.565	PHS	26.853
PT	616.144	SD	22.271
PSB	174.646	PCdoB	19.004
PV	132.981	PEN	17.951
PSOL	120.100	PTN	12.720

(CONTINUA)

(CONTINUAÇÃO)

PARTIDO	VL	PARTIDO	VL
PMDB	97.675	PSTU	11.079
PR	84.788	PPL	10.204
PRB	83.200	PRTB	9.656
PDT	66.053	PROS	8.496
DEM	61.946	PSL	7.897
PSC	52.413	PMN	5.668
PP	51.319	PTC	5.144
PTB	47.305	PTdoB	4.480
PPS	36.017	PSDC	3.978
PSD	31.752	PCO	3.938
PRP	27.548		

O total de votação dos dois partidos em destaque perfaz 57,5% do total. Os seis primeiros (20% do total) respondem por 75,5% do total de votos.

5. VOTOS NOMINAIS × VOTOS DE LEGENDA 2018

Tabela 36 – Candidatos a governador em 2018: votos nominais e votos referentes às coligações proporcionais

SIGLA	V NOM 1T	V NOM 2T	Σ V COLIG
PSDB	**6.431.555**	**10.990.350**	**4.941.820**
PSB	**4.358.998**	**10.248.740**	**5.473.227**
MDB	4.269.865	-	529.323
PT	**2.563.922**	-	**1.730.269**
DC	747.462	-	12.664
NOVO	673.102	-	693.981
PRTB	649.729	-	3.577.931
PSOL	507.236	-	838.507
PMN	28.666	-	173.189
PSTU	16.202	-	10.860
PDT	0	-	216.796
PCO	0	-	0
	20.246.737	21.239.090	

Candidatos e coligações: PSDB: JOÃO DORIA, PSDB / DEM / PSD / PRB / PP / PTC - PSB: MARCIO FRANÇA, PSB / PSC / PPS / PTB / PV / PR / PODE / PMB / PHS / PPL / PRP / PATRI / PROS / SOLIDARIEDADE / AVANTE - MDB: PAULO SKAF - PT: LUIZ MARINHO, PT / PCdoB - DC: MAJOR COSTA E SILVA - NOVO: ROGERIO CHEQUER - PRTB: RODRIGO TAVARES, PRTB / PSL - PSOL: PROFESSORA LISETE, PSOL / PCB - PMN: CLAUDIO FERNANDO, PMN / REDE - PSTU: TONINHO FERREIRA - PDT: MARCELO CANDIDO - PCO: LILIAN MIRANDA

Tabela 37 – Votos de legenda dos partidos que disputaram em 2018

VOTOS DE LEGENDA – 2018			
PARTIDO	VL	PARTIDO	VL
PSL	**494.298**	PATRI	16.690
PT	**446.812**	SD	12.969
PSDB	**311.196**	PRP	9.578
NOVO	197.338	PCdoB	9.284
PSB	86.080	PSC	9.221
PDT	83.884	PROS	9.019
PSOL	70.140	PHS	7.913
MDB	68.761	AVANTE	7.241
PR	60.919	PPL	7.031
PRB	50.268	PSTU	5.966
DEM	43.347	PRTB	5.806
PP	42.231	PCB	5.581
PODE	42.103	DC	5.455
PTB	25.381	PMN	4.149
PV	24.029	PMB	2.916
PSD	23.759	PTC	2.461
PPS	20.710	PCO	0
REDE	18.335		

O total de votação dos três partidos em destaque perfaz 56,1% do total. Os seis primeiros (20% do total) respondem por 72,6% do total de votos.

6. VOTOS NOMINAIS × VOTOS DE LEGENDA 2022

Tabela 38 – Candidatos a governador em 2022: votos nominais e votos referentes às coligações proporcionais

SIGLA	V NOM 1T	V NOM 2T	Σ V COLIG
REPUBLICANOS	9.881.995	13.480.643	6.995.379
PT	8.337.139	10.909.371	5.549.451
PSDB	4.296.293		7.196.257
NOVO	388.974		305.925
PDT	281.712		315.735
UP	88.767		35.617
PSB	46.727		4.885
PSTU	14.859		7.029
DC	10.778		4.674
PCO	5.305		2.153
	23.352.549	24.390.014	

Candidatos e coligações: REPUBLICANOS: TARCISIO, REPUBLICANOS / PL / PSD / PTB / PSC / PMN - PT: FERNANDO HADDAD, (PT/PCdoB/PV) / PSB / (PSOL/REDE) / AGIR - PSDB: RODRIGO GARCIA, (PSDB/CIDADANIA) / AVANTE / MDB / PATRIOTA / UNIÃO / PODE / PP / SOLIDARIEDADE - NOVO: VINICIUS POIT - PDT: ELVIS CEZAR - UP: CAROL VIGLIAR - PCB: GABRIEL COLOMBO - PSTU: ALTINO - DC: ANTONIO JORGE - PCO: EDSON DORTA

Tabela 39 – Votos de legenda dos partidos que disputaram em 2022

VOTOS DE LEGENDA - 2022			
PARTIDO	VL	PARTIDO	VL
PT	**552.152**	CIDADANIA	25.981
PL	**484.763**	PTB	21.985
PSB	239.474	PV	20.481
PSDB	161.533	AVANTE	20.356
MDB	145.807	REDE	16.536
REPUBLICANOS	128.512	PCB	15.518
NOVO	122.105	PCdoB	15.284
UNIÃO	103.958	PRTB	11.154
PSOL	72.306	PMB	9.715
PDT	68.642	AGIR	7.419
PODEMOS	62.948	UP	3.928
PP	59.232	PSTU	3.602
PSC	47.305	PROS	3.060
PSD	44.884	PMN	2.832
SD	42.406	DC	1.827
PATRIOTA	30.315	PCO	1.520

O total de votação dos três partidos em destaque perfaz 50,1% do total. Os seis primeiros (20% do total) respondem por 67,2% do total de votos.

CÁLCULO DO QP × FAIXAS DE VOTAÇÃO

A seguir apresentamos tabelas com números das eleições de 2022, que têm o propósito de expor os dois métodos utilizados para se obter o QP.

Tabela 40 – Cálculo do QP × Faixas percentuais de votação

SIGLA	VN	VL	VV	%
PT	561.667	91.257	652.924	12,93
PSDB	422.488	201.577	624.065	12,36
PSOL	361.634	82.601	444.235	8,80
DEM	429.352	10.362	439.714	8,71
REPUBL	278.109	46.678	324.787	6,43
PODE	263.012	4.242	267.254	5,29
PSD	245.992	9.053	255.045	5,05
MDB	245.513	9.447	254.960	5,05
PATRI	180.145	41.348	221.493	4,39
NOVO	155.634	36.031	191.665	3,80
PSB	123.937	50.832	174.769	3,46
PL	158.641	8.123	166.764	3,30
PSL	119.227	13.564	132.791	2,63
PP	112.278	9.046	121.324	2,40
PV	110.042	3.554	113.596	2,25
PSC	78.231	2.806	81.037	1,60
PTB	71.057	3.172	74.229	1,47
PCdoB	66.804	2.405	69.209	1,37
CIDADANIA	62.966	2.452	65.418	1,30
SD	63.012	2.057	65.069	1,29
PRTB	58.570	1.932	60.502	1,20
AVANTE	57.000	1.395	58.395	1,16
PDT	46.585	8.217	54.802	1,09
REDE	48.530	3.393	51.923	1,03
PROS	20.943	864	21.807	0,43

(CONTINUA)

(CONTINUAÇÃO)

SIGLA	VN	VL	VV	%
PTC	17.642	710	18.352	0,36
PMN	11.561	863	12.424	0,25
DC	8.246	713	8.959	0,18
PMB	6.019	946	6.965	0,14
UP	5.067	551	5.618	0,11
PSTU	2.701	1.544	4.245	0,08
PCB	2.624	1.341	3.965	0,08
PCO	300	532	832	0,02
	4.395.529	653.608	5.049.137	100,00

Tabela 41 – FAIXAS DE VOTAÇÃO

QP	%
1	1,82 - 3,63
2	3,64 - 5,44
3	5,45 - 7,26
4	7,27 - 9,08
5	9,09 - 10,90
6	10,91 - 12,72
7	12,73 - 14,54
8	14,55 - 16,35
9	16,36 - 18,17
10	18,18 - 19,99

No primeiro método, olhamos para os "RESULTADOS ELEITORAIS" na Tabela 40, e comparamos o percentual de votos válidos (%) dos partidos com as faixas percentuais na Tabela 41, denominada "FAIXAS DE VOTAÇÃO", verificando onde ele se encaixa para, então, chegarmos à leitura do QP.

Por exemplo, se olharmos para a percentagem de VV do DEM, vamos encontrar uma taxa de 8,71%; no centro, na coluna % das "FAIXAS DE VOTAÇÃO" observamos que esse valor está contido na faixa que varia entre 7,27% e 9,08%, indicando que seu QP é de 4.

A Tabela 41 apresenta também a composição dos votos válidos como resultante do somatório dos votos nominais com os votos de legenda.

TABELA 42 – CÁLCULO DO QP (SEGUNDO MÉTODO)

	VV	VV/QE	QP
PT	652.924	7,11	7
PSDB	624.065	6,80	6
PSOL	444.235	4,84	4
DEM	439.714	4,79	4
REPUBL	324.787	3,54	3
PODE	267.254	2,91	2
PSD	255.045	2,78	2
MDB	254.960	2,78	2
PATRI	221.493	2,41	2
NOVO	191.665	2,09	2
PSB	174.769	1,90	1
PL	166.764	1,82	1
PSL	132.791	1,45	1
PP	121.324	1,32	1
PV	1,24	1	1
PSC	0,88	0	0
PTB	74.229	0,81	0
PCDOB	69.209	0,75	0

(CONTINUA)

(CONTINUA)

	VV	VV/QE	QP
CIDADANIA	65.418	0,71	0
SD	65.069	0,71	0
PRTB	60.502	0,66	0
AVANTE	58.395	0,64	0
PDT	54.802	0,60	0
REDE	51.923	0,57	0
PROS	21.807	0,24	0
PTC	18.352	0,20	0
PMN	12.424	0,14	0
DC	8.959	0,10	0
PMB	6.965	0,08	0
UP	5.618	0,06	0
PSTU	4.245	0,05	0
PCB	3.965	0,04	0
PCO	832	0,01	0
	5.049.137	**100,00**	**39**

O quociente eleitoral utilizado neste cálculo é de 91.802, resultante da divisão dos votos válidos (VV = 5.049.037, vide tabelas 40 e 42) pelas 55 vagas disponíveis na Câmara de São Paulo.

No segundo método, "CÁLCULO DO QP", dividimos os votos válidos de cada partido pelo QE (91.802) e eliminamos a parte fracionária do resultado, obtendo assim o QP.

No exemplo com o partido DEM, dividimos 439.714 votos válidos pelo QE, de 91.802 votos, obtendo um valor de 4,79. Desprezando a fração, chegamos ao QP de 4.

AS ELEIÇÕES NO MATO GROSSO

Como pode ser visto na tabela a seguir, as oito vagas disponíveis para o Mato Grosso foram preenchidas pelos candidatos de apenas três partidos.

TABELA 43 – COMPOSIÇÃO DOS VOTOS PARA DEPUTADO FEDERAL NO MATO GROSSO

PARTIDOS	VN	VL	VV
PL	366.945	10.512	377.457
MDB	266.777	5.882	272.659
UNIÃO	241.542	7.786	249.328
PT + PCdoB + PV	148.108	11.758	159.866
REPUBLICANO	152.741	2.772	155.513
PSB	146.286	4.248	150.534
PSD	129.842	4.416	134.258
PTB	98.740	2.694	101.434
PSDB + CIDA	42.230	3.991	46.221
PSOL + REDE	19.824	970	20.794
PROS	12.476	44	12.520
PDT	6.839	3.869	10.708
PATRIOTA	9.942	702	10.644
PODEMOS	9.562	824	10.386
NOVO	4.060	553	4.613
PP	0	4.593	4.593
SD	4.364	166	4.530
DC	2.580	131	2.711
AGIR	1.337	171	1.508
	1.664.195	**66.082**	**1.730.277**

Conforme mostrado na Tabela 43, somente PL, MDB e União tiveram quantidades de votos válidos maiores do que a do QE, que foi de 216.284 votos válidos. Veja também que nenhuma outra agremiação atingiu 80% do QE (173.028 votos válidos), ficando, portanto, impedidas de participarem do cálculo das sobras.

TABELA 44 – CÁLCULO DO QUOCIENTE PARTIDÁRIO (QP)

PARTIDOS	VV	CÁLC DO QP	QP
PL	377.457	1,75	1
MDB	272.659	1,26	1
UNIÃO	249.328	1,15	1

Desprezando as frações dos valores obtidos e vistos na coluna "Cálc do QP", chegaremos à conclusão exposta na coluna "QP", ou seja, que cada um dos três partidos já citados conquistou uma vaga por QP.

Essa conclusão pode ser confirmada pela tabela a seguir, com as percentagens de votos válidos conquistadas por cada partido e federação partidária que disputou o pleito.

Tabela 45 – Porcentagens de VV por vaga

PORCENTAGENS DE VOTOS VÁLIDOS		
PARTIDOS	VV	%
PL	377.457	21,81
MDB	272.659	15,76
UNIÃO	249.328	14,41
PT + PCdoB + PV	159.866	9,24
REPUBLICANO	155.513	8,99
PSB	150.534	8,70
PSD	134.258	7,76
PTB	101.434	5,86
PSDB + CIDA	46.221	2,67
PSOL + REDE	20.794	1,20
PROS	12.520	0,72
PDT	10.708	0,62
PATRIOTA	10.644	0,62
PODEMOS	10.386	0,60
NOVO	4.613	0,27
PP	4.593	0,27
SD	4.530	0,26
DC	2.711	0,16
AGIR	1.508	0,09
	1.730.277	

VAGAS	FAIXAS DE % POR VAGA
1	12,5 – 24,99
2	25,00 – 37,49
3	37,50 – 49,99
4	50,00 – 62,49
5	62,50 – 74,99
6	75,00 – 87,49
7	87,50 – 99,99
8	100,00 – 100,00

Note que as percentagens de votos válidos conquistados pelos partidos PL, MDB e União se encaixam na faixa referente a 12,50% até 24,99%, no quadro de "FAIXA DE % POR VAGA", o que dá a cada um o direito de ocupar uma vaga pelo QP.

Tabela 46 – Cálculo das sobras

CÁLC DO QP	QP	1ª SOBRA	B	2ª SOBRA	B	3ª SOBRA	B	4ª SOBRA	B	5ª SOBRA	B
1,75	1	**188.729**	2	125.819	2	**125.819**	3	94.364	3	**94.364**	4
1,26	1	136.330	1	**136.330**	2	90.886	2	90.886	2	90.886	2
1,15	1	124.664	1	124.664	1	124.664	1	**124.664**	2	83.109	2
	3		4		5		6		7		8

A Tabela 46 demonstra que o PL ficou com quatro vagas, o MDB, duas, e o UNIÃO, também duas.

Para ocupar as suas quatro vagas conquistadas, o PL contava com os seguintes candidatos:

CANDIDATO - PL	2018	2022	SIT
ABÍLIO	-	87.072	E
JOSÉ MEDEIROS	82.528	82.182	RE
AMÁLIA BARROS	-	70.294	E
CORONEL FERNANDA	-	60.304	E
NELSON BARBUDO	126.249	53.285	
RODRIGO DA ZAELI	-	6.965	
MARCOS SCOLARI	-	3.670	
SARGENTO LUCÉLIA	-	1.914	
DR. ARAY FONSECA	-	1.259	

Atendendo as regras eleitorais vigentes, os quatro candidatos mais votados assumiram as cadeiras conquistadas. O mais votado, Abílio, que aparece com a letra "E" na coluna "SIT", o que significa que ele foi eleito, mas não reeleito, já foi vereador e alcançou 90.631 votos como candidato a prefeito de Cuiabá. O segundo, José Medeiros, foi reeleito com uma quantidade de votos próxima à obtida em 2018. Amália Barros ganhou notoriedade através do apoio da ex-primeira-dama do Brasil Michelle Bolsonaro. Em 2020, coronel Fernanda disputou o Senado apoiada pelo ex-presidente Jair Bolsonaro e obteve 293.362 votos. Nelson Barbudo, embora não eleito, teve uma votação que o colocou entre os mais votados do pleito.

O MDB contava com a seguinte lista de candidatos para preencher as suas duas vagas conquistadas:

CANDIDATO - MDB	2018	2022	SIT
JUAREZ COSTA	49.912	77.528	RE
EMANUELZINHO	74.720	74.720	RE
CARLOS BEZERRA	-	45.358	
VALTENIR PEREIRA	44.135	22.563	
FLAVINHA	-	17.400	
JULIANA	-	16.385	
DR. ARY CAMPOS	-	6.552	
SARGENTO VIDAL	-	5.217	
DOUTORA REGINA SABIONI	-	1.054	

Além dos dois candidatos reeleitos, o partido ainda possuía em sua lista Carlos Bezerra, que, embora não tenha disputado em 2018, já foi deputado por cinco mandatos. Flavinha foi presidente da Câmara de Colíder.

O União ocupou suas duas vagas com seus candidatos lançados conforme a seguinte lista:

CANDIDATO - UNIÃO	2018	2022	SIT
FÁBIO GARCIA	-	98.704	E
CORONEL ASSIS	-	47.479	E
GISELA SIMONA	-	28.897	
ANTÔNIO BOSAIPO	-	22.563	
WAGNER RAMOS	-	12.475	
MARCHIANE	-	10.086	
AÉCIO RODRIGUES	-	9.922	
ANE BORGES	-	6.612	
DR. TÚLIO CASADO ORTOPEDISTA	-	4.804	

Fábio Garcia não disputou em 2018, mas em 2014 foi o deputado mais votado do Mato Grosso, com 104.976 votos nominais, além de ter sido suplente de senador, chegando a exercer o cargo. Coronel Assis, o segundo mais votado, é ex-comandante geral da Polícia Militar do Estado de Mato Grosso (PMMT), secretário adjunto da Secretaria de Segurança Pública do Mato Grosso e ex-comandante do Bope.

Todos os oito candidatos eleitos alcançaram votações superiores a 80% do QE.

Embora os outros treze partidos, bem como as três federações partidárias que disputaram as eleições, não tivessem alcançado um patamar de votação equivalente a 80% do QE, a federação FE BRASIL contou com a candidata mais votada do Mato Grosso em sua lista, a professora Rosa Neide. Veja:

CANDIDATO – UNIÃO	2018	2022	SIT
PROFESSORA ROSA NEIDE	51.015	124.671	–
JULIER	–	7.626	
CHICO DALTRO	–	3.342	
MARCELO BEDUSCHI	–	3.069	
ROBERTINHO FERNANDES	–	2.789	
PROFA. FRANCISCA CHIQUINHA	–	2.519	
DR. EDVALDO	–	2.027	
PROFESSORA PATRÍCIA	–	1.695	
MIRIAN DO PEDRA 90	–	370	

O candidato Chico Daltro (PV) disputou sem sucesso a eleição de 2006, muito embora tivesse obtido 49.949 votos nominais e assumido em 2010 com o afastamento de Pedro Henry.

Ainda que o imponderável tenha atuado duas vezes na lista de candidatos da FE BRASIL em 2022, uma de forma positiva, quando do aumento significativo na votação da professora Rosa Neide, e outra, ao contrário, na queda do patamar de votação de Chico Daltro, a possibilidade de não ter nenhum candidato eleito não era algo de tão difícil previsão.

Através do histórico de eleitores aptos a votar e votos válidos disponíveis no TSE, podemos prever o patamar do QE e das votações mínimas necessárias para assumir uma vaga. O gráfico a seguir mostra a evolução da quantidade de eleitores aptos a votar desde 2002 até setembro de 2022, ou seja, uma data anterior às eleições de 2022, e também a evolução dos votos válidos desde 2002. Na linha pontilhada, temos a tendência de evolução dos votos válidos.

APTOS PARA VOTAR X VOTOS VÁLIDOS

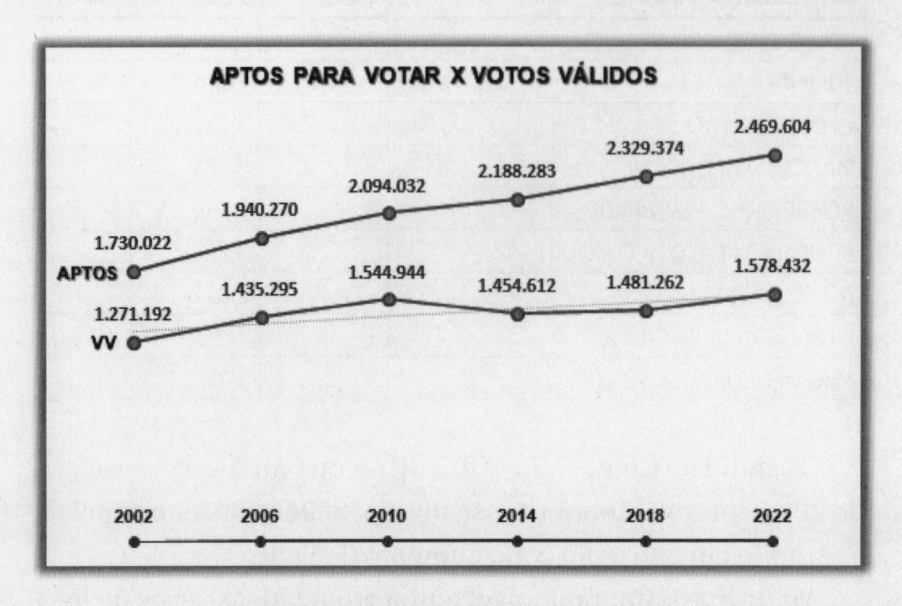

	2002	2006	2010	2014	2018	2022
APTOS	1.730.022	1.940.270	2.094.032	2.188.283	2.329.374	2.469.604
VV	1.271.192	1.435.295	1.544.944	1.454.612	1.481.262	1.578.432

Figura 3 – Aptos para votar × votos válidos.

Observando um gráfico como esse, ou até mesmo somente com os dados apresentados nele, é perfeitamente possível prever, através, por exemplo, da função "PREVISÃO" do Excel, os votos válidos de futuras eleições.

Quanto à situação da FE BRASIL na última eleição, pelo que explanei acima, penso que um propenso candidato poderia perfeitamente ter previsto as dificuldades de se eleger.

FONTE Utopia Std
PAPEL Pólen 80g
IMPRESSÃO Paym